AliResearch
阿里研究院

DT Enabling New Economy

激活生产力

DT经济构筑中国产业新生态

宋斐 潘永花 田丰◎著

社会科学文献出版社
SOCIAL SCIENCES ACADEMIC PRESS (CHINA)

"橙皮书"
——在复杂的世界里，一个就够了

这是一个不可思议的时代。

这是一个急剧变革的时代。

这是一个从 IT 向 DT 转变的时代。

DT 时代，阿里研究院以数据驱动作为认识世界、研究问题的动力和方向，扎根于阿里商业生态系统，开展面向新经济、新治理的宏观、中观、微观的未来与治理的研究，洞察数据，共创新知。

我们的研究包括：信息经济、新商业文明、DT 范式研究、C2B 商业模式、未来组织模式、产业互联网化、电商物流、农村电商、eWTP、创新创业、互联网治理、网规、电商立法等。

秉承开放、分享的互联网精神，阿里研究院同时联系着上千位新经济与新治理领域的研究者、智库机构，并发起、参与了多个社会化的研究社群，如：信息社会 50 人论坛、微金融 50 人论坛、网规研究中心等。

"橙皮书"是阿里研究院及其研究伙伴呈现给世界的一点思考、一点观察，是关于新经济、新治理系列研究报告的品牌合称，其中的各种分析、评语、预测和观点，坚持以真实数据和案例为基础，用信息经济和互联网思维，研究关于未来的新理念、新洞见与新规则。

没有谁是这个大时代转变的看客或观众。今天的你我，就是这个大时代创新与转变的主角。愿通过"橙皮书"这个平台与所有关注新经济、新治理问题的朋友们携手前行，迈进未来。

DT 时代，未来，已来。

"橙皮书"编委会

总 编 委：高红冰

编辑委员会：阿拉木斯 宋 斐 杨 健

游五洋

阿里研究院

工业文明与信息文明快速交替，全球化浪潮与本地化回声相互交织。21 世纪的第一个 10 年之后，人类正在由 IT 时代快速切换到 DT 时代。新技术所驱动的大规模商业创新，以及商业创新所引致的治理创新、制度创新，在全球范围内都展示出了前所未有、广阔无边的巨大可能。DT 时代，就在前方，就在脚下。

这也是新经济与新治理研究者的黄金年代。近年来，基于互联网的价值导向，运用互联网化的新方法、新工具，研究互联网、大数据给社会经济带来的新现象、新规则，已经在学界开展了越来越多的探索和实践。越来越多的学者、智库，通过与网商、服务商、平台、用户等之间的大规模社会化协作，正在创新性地研究这个时代，全球、国家、产业、企业和个人所面临的大变迁。

成立于 2007 年 4 月的阿里研究院，正是这一进程的参与者和推动者。

● 定位：DT 时代的智库平台

我们依托并深深扎根于全球最大、最具活力的在线商业生态系统——由电子商务、互联网金融、智能物流、云计算与大数据等构成的阿里巴巴商业生态圈。

我们秉承开放、分享、透明的互联网精神，基于前瞻的理念与洞察，强大的数据驱动力，丰富的案例积累，致力于成为新经济、新治理领域的智库与智库平台，包括：数据开放平台、专家网络与智库平台。

● 研究范围：新经济、新治理

未来研究：如信息经济、新商业文明、DT 范式研究；

微观层面：模式创新研究，如 C2B 商业模式、未来组织模式；

中观层面：产业互联网化研究，如电商物流、农村电商；

宏观层面：如互联网对消费、投资、进出口、就业的影响等；

治理研究：互联网治理、网规、电商立法等。

● 研究成果

《信息经济前景系列报告》

《互联网 +：从 IT 到 DT》

《云计算开启信息经济 2.0》

《互联网时代的全球贸易新机遇——普惠贸易趋势》

《"移动互联网 +"中国双创生态研究报告》

《中国 DT 城市智能服务指数研究报告》

《中国淘宝村研究系列报告》

aSPI：阿里巴巴网购价格系列指数

aEDI：阿里巴巴电子商务发展指数

阿里经济云图

……

- 研究活动

  活水计划：面向青年研究者的开放研究计划，已举办五届

  全球新经济智库大会：智库研讨新经济、新治理的平台

  中国县域电商峰会：全国县市长参会交流县域电商发展经验

中国淘宝村高峰论坛：淘宝村的嘉年华、淘宝村

年度名单发布平台

中国电子商务园区高峰论坛：电商园区的交流盛会

● 组织架构

➢ 整体架构：大平台 + 小前端

大平台：数据平台、智库平台

小前端：多个研究小组

➢ 两个研究中心

ADEC——阿里数据经济研究中心

ACERC——阿里跨境电商研究中心

➢ 强大顾问团队与学术委员会

阿里研究院聘有多位一流专家作为顾问，同时设有

学术委员会、研讨重要学术议题

➢ 社会化、无边界的研究社群

阿里研究院发起、参与了多个社会化的研究社群，

如：信息社会 50 人论坛、微金融 50 人论坛、网规研
究中心等。

　　为新经济、新治理的发展鼓与呼，是大时代给研
究者带来的历史机遇，更是时代赋予研究者的责任。
阿里研究院将携手新经济与新治理领域的研究者、智
库机构，共创、共建、共享关于未来的新理念、新洞
见与新规则。

以控制为出发点的 IT 时代，正在走向以激活生产力为目的的 DT 时代。

——马云

目录

CONTENTS

目录

CONTENTS

目录

CONTENTS

前　言

　　100 多年前的 1910 年，有感于曼哈顿的灯火通明，美国意象派诗人埃兹拉庞德这样赞颂新奇的电力："这就是文明诗一样的美景，因为我们已把星星摘了下来，终于遂了心愿。"无数的热议、想象、憧憬、幻想，同样发生于 100 年后的今天—— DT 时代！

　　过去已经发生，未来尚未到来。在这个新技术、新应用、新模式层出不穷、剧烈变迁的年代，最难把握的就是"现在"。全球互联网的商业化进程已经走过 20 年，今天互联网所驱动的商业社会，已经演进到什么程度？理解和把握它的核心关键词是什么？

毫无疑问，"大数据时代"在全球快速到来，应该是人们对今天商业和社会的基本共识。进一步地，随着近年来大数据技术的进步、应用的扩展、商业模式和治理模式的创新，"人类社会正在从 IT 时代进入 DT 时代"这一判断与主张，由于其在认知和表达上的有力、简洁、清晰，已经引起了互联网业界的普遍共鸣，也逐渐被社会各界所接受和认可。

技术改变商业，商业改变制度和社会生活。阿里数据经济研究中心（ADEC）认为，DT 技术的快速发展、日益成熟、推广应用，已经对商业体系的创新，产生巨大的影响。而数据驱动的、全新的商业形态，也将带来新的社会生活与文化景观。

本报告从"产业、范式、模式、文化"四个方面，努力为浮现中的 DT 时代刻画出一幅简明的图景与形貌。报告的核心结论如下：

- 产业篇：DT 产业快速演化。如果说 IT 时代类

似于工业时代的第一次工业革命，标志着信息
文明的开端，那么 DT 时代则类似于工业时代
的第二次工业革命，标志着信息文明逐步步入
成熟期。当前，DT 产业正在转入"快速发育"
及"应用拉动"的发展阶段。

- 范式篇：DT 时代的新范式雏形初现。从工业
  时代到信息时代，从 IT 时代到 DT 时代，不
  只是单个点上的技术突破、模式创新，还是已
  经发生了数轮包括"基础设施＋生产要素＋
  支柱产业＋分工协作网络（商业模式＋组织
  模式）＋制度与文化"在内的"技术－经济"
  范式转移，这里发生的是模式创新，是范式转
  移，更是时代变迁。

- 模式篇：DT 时代的商业与组织。DT 时代，
  企业端终于能够孕育出真正满足个性化、多样
  化需求的商业模式（C2B），与这一商业模式

相对应的，则是"大平台＋小前端"的企业内部与企业之间的组织协作方式（云端制）。

- 文化篇：在 DT 时代，社会生活和文化领域将发生一系列变化。表现为："后喻文化"（由年轻人所主导的文化）盛行；"利他主义"成为大规模现实（普遍准则）；开放、分享、透明、责任（价值取向）越来越成为主流文化；个人获得极大自主权和自由度（社会景观）。

DT 时代已经初步展示出广阔无边的巨大潜力，以及一个令人心仪的美好未来。预测未来的最佳方式就是创造未来。阿里数据经济研究中心将协同国内外关注和研究 DT 时代的各界研究力量，协力研究探索 DT 时代微观层面上的商业模式与组织模式创新、中观产业层面上的 DT 化进程，以及 DT 与宏观经济、社会治理、社会文化之间的关联互动机制。

未来已来，它只是不均匀地分布于现在。

1

产业篇：DT 化进程持续展开

如果说 IT 时代类似于工业时代的第一次工业革命，标志着信息文明的开端，那么 DT 时代则类似于工业时代的第二次工业革命，标志着信息文明逐步步入成熟期。当前，DT 正在转入"产业快速发育"及"应用拉动"的发展阶段，模式创新与业态创新也开始出现。产业 DT 化意味着传统企业和行业将数据这种新的生产要素与其他要素融合起来，实现数据业务化，衍生出创新模式的过程。

（一）从 IT 到 DT 的历史变迁

回望 IT 的发展史，会发现数据的角色以及形态，从计算机诞生之日就开始发生不一样的变革。第一次工业革命是以机械代替手工为代表，2006 年云计算概念出现以前的 IT 时代，正类似于信息时代的第一次工业革命。1964 年，IBM 发明 System/360 大型计算机，这个时代的计算机最主要的功能是替代手工操作，以主机 / 终端的计算模式为主，数据和应用以集中的方式保留在主机中，通过主机进行计算和处理，终端主要是发挥界面的作用。1965 年，摩尔定律被提出来，其主要内容是说当价格不变时，集成电路上可容纳的元器件的数目，每隔 18～24 个月便会增加一倍，性能也将提升一倍。近半个世纪以来，伴随着计算能力的迅速提升，PC 端处理能力的增强使得客户机 / 服务器的计算架构成为主流，数据变得分散，服务器端与客户端都有数据存储和处理能力。而 TCP/IP 协议的出现以及宽带网络的发展使得网络边界从内部延展到全球，Internet 进入人们的工作与生活，数据开始跨越企业边界流动起来，数据之间的共享开放成为可能。

而云计算的出现和兴起，使得成千上万台廉价的服务器能够通过虚拟化和分布式计算等技术，随需提供计算和存储能力，云计算成为类似于水与电这样的公共计算基础设施，这正如信息时代的第二次工业革命。由于数据具有天然的共享性强、边际成本低和边际生产力递增的特性，数据要素的投入和云计算的应用，使得物质要素不断被节约，带来更高效的生产能力。

在 DT（数据技术）时代，人、事、物都在被数据化，数据成为新经济的核心生产要素。IT 时代以自我控制、自我管理为主，DT 时代则以服务大众、激发生产力为主。在 IT 时代，技术的使用者以大型企业为主，它们主要用 IT 来提高生产效率、改善业务流程，数据的流动、共享非常有限，数据主要用于查询和报表展示；而在 DT 时代，有了云计算基础设施，数据的开放、流动、共享成为可能，数据作为一种新型生产要素，进入生产函数，成为开始激发新的生产力的最活跃因素。

信息时代
的第二次工业革命

DT时代

数据激发出新的生产力，云计算像电力一样成为公共基础设施的

互联网时代

数据流动起来，开始共享开放

PC时代

数据分散

信息时代的
第一次工业革命

大型机时代

数据集中化

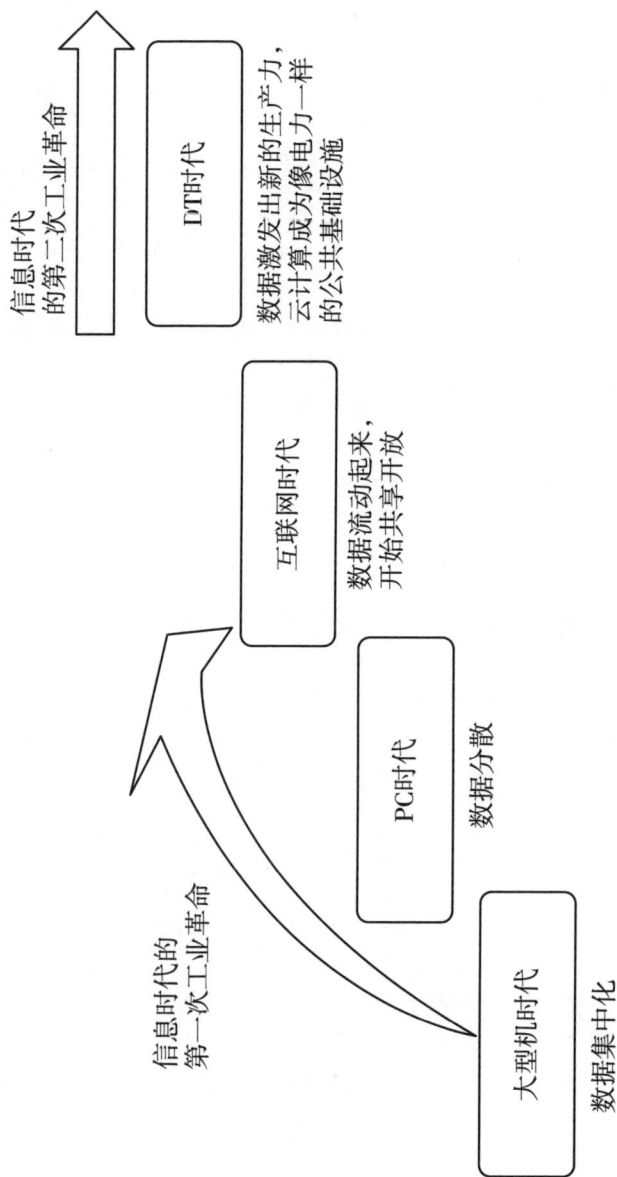

图 1-1 从 IT 时代到 DT 时代

资料来源：阿里数据经济研究中心，2016。

（二）DT 技术群落：以云计算和大数据为核心

DT 意味着信息技术终于有能力以低成本的形式还原、映射、记录和支撑商业世界的运行。DT 时代的技术基础并不是单一的某种技术，而是以云计算和大数据技术为核心的技术群落，这一组新的技术群落包括云（计算）、大（数据）、智（智能化）、物（物联网）、移（移动互联网）等，它们共同驱动了 DT 新世界的到来。

分析 IT 世界的技术演变可以发现，IT 时代实际上是以高价位、高稳定性、封闭的技术为主导的时代，商业化硬件与软件技术在那时获得了繁荣和发展。那个时代的技术应用最主要还是以企业内部的信息化建设为主，企业要投入大量的资金建设机房，选用昂贵的技术架构去支撑业务系统，以内部数据和结构化数据处理为主，且数据主要来自内部信息系统如 ERP；数据的流动和共享也主要在企业内部。

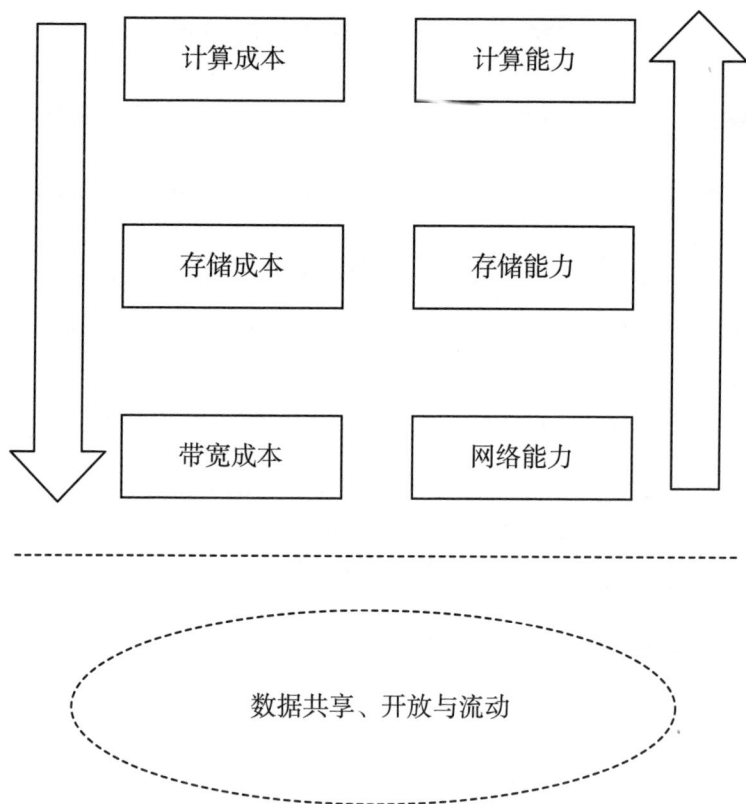

图 1-2　DT 时代的技术基础准备

资料来源：阿里数据经济研究中心，2015。

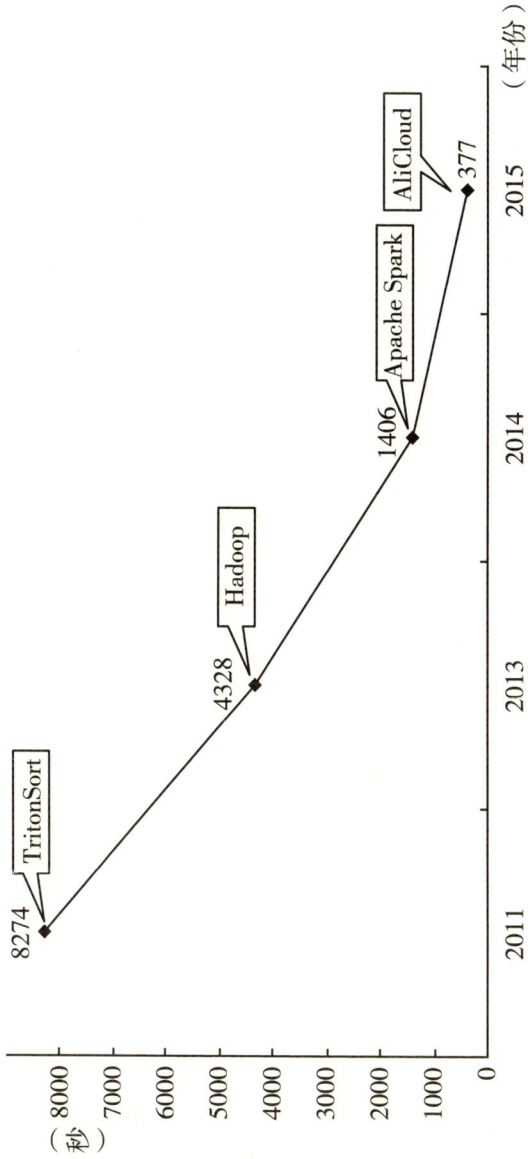

图 1-3　全球大数据计算性能变迁史（100TB 数据排序耗时）

资料来源：http://www.techweb.com.cn/news/2015-10-28/2218636.shtml。

著名的网络三定律——摩尔定律、吉尔德定律以及梅特卡夫定律，诠释了互联网发展的技术基础，也为 DT 世界奠定了硬件技术的基因。在某种意义上讲，摩尔定律从微观角度解释了产品性能提高而成本降低的现象；吉尔德定律指出主干网带宽的增长速度至少是运算性能增长速度的三倍；梅特卡夫定律从宏观角度解释了产生这种现象的社会渊源——随着一种技术的使用者不断增多，每一个使用者从中获得的价值也不断增加，使用费用却不断下降。服务器、存储、网络带宽成本的降低以及相应技术处理能力的增强，共同为云计算的广泛使用奠定了基础，这也使得数据的流动、共享以及开放成为现实。

云计算使得成千上万台的服务器利用分布式处理技术和虚拟化技术形成横向扩展的计算能力，用户使用订阅服务的模式，以较低的成本，就可以获得前所未有的计算和存储能力。

软件的发展，尤其是数据管理技术的发展，成为DT世界到来的另一个技术基础。据统计，今天的DT世界中只有15%的数据是以二维表形式为代表的结构化数据，85%的数据是来自机器数据、图像、视频、音频、网页、社交媒体以及日志等的半结构化或非结构化数据。

从数据管理技术的发展来看，最早的数据管理实际上以文件管理为主，数据与应用紧密捆绑在文件中。直到1960年，网状数据库的出现才开始将数据与应用分开。更有标志性的是，1970年E.F.Codd的关系数据库理论问世，数据处理的技术开始出现质的改变，之后以关系数据库技术为核心的数据管理技术开始主导数据管理市场。1990年以后数据仓库技术的发展，使得数据分析成为数据管理的热门方向。而后互联网的快速发展带来了Google分布式系统的三驾马车GFS、MapReduce和BigTable，随之以其为基础的Hadoop进入Apache基金会，这才意味着与云计算匹配的大数据管理技术的软件基础已经基本准备就绪，这一次不再是以商业化软件为主导，而是以开源技术为主导。DT 世界的技术群落中的关键词是经济性、虚拟化、分布式、开源、横向扩展，这些因素使得 DT 世界的主体不再是传统的大企业，而是拥有勃勃生机的中小企业。云计算与大数据技术的结合使得中小企业和创新创业企业利用 IT 技术处理和管理数据的成本实现大幅降低，同时进行应用开发、测试、上线的速度获得快速提升，这就使得中小企业可以拥有与大企业同样的技术能力。据阿里研究院测算，云计算能够降低 70% 的 IT 投入成本，同时提升互联网创新效率高达 300%。

比如，旷视科技（Face++）是一家年轻的公司，于 2011 年 10 月，由三个"85 后"清华学子创办。它专注于图像识别和深度学习。通过 Face++ 云平台，可以实现云端身份认证、用户兴趣挖掘、移动体感交互、社交娱乐分享等多类型应用，向开发者们提供人脸检测、分析和识别服务。对Face++来说，大量开发者调用识别服务对于平台整体的处理能力有很高的要求，如果自己采购服务器和存储产品，成本会很高，但云服务可以大幅降低成本，这就是Face++与阿里云合作的初衷。因为当进行人脸识别的时候，需要处理大量来自面部的各种特征信息，所以如果平台的服务器不够稳定、性能不够强大就会严重影响识别效果与用户体验。

而在DT应用层面，尤其是数据分析与挖掘以及应用层面的技术领域里，炙手可热的数据可视化、人工智能、机器学习、数据挖掘以及模式识别技术的发展，将会带动DT技术向更深层次的应用发展。虽然人工智能是1956年提出的概念，但一直没有获得太大的实质性进展。机器学习是人工智能的核心和基础，是使计算机具有智能的根本途径，其应用遍及人工智能的各

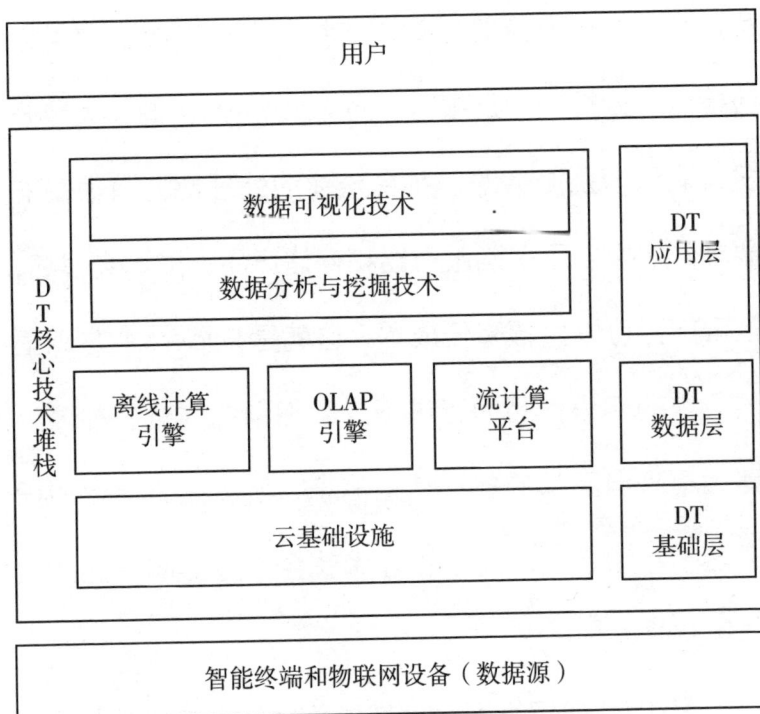

```
用户
```

```
                                              DT
          数据可视化技术                     应用层
D
T
核
心          数据分析与挖掘技术
技
术
堆      离线计算      OLAP      流计算          DT
栈      引擎          引擎      平台           数据层

          云基础设施                          DT
                                              基础层
```

```
智能终端和物联网设备（数据源）
```

DT技术特点

```
经济性                      灵活性

虚拟化                      智能化

开源        ————        分布式
```

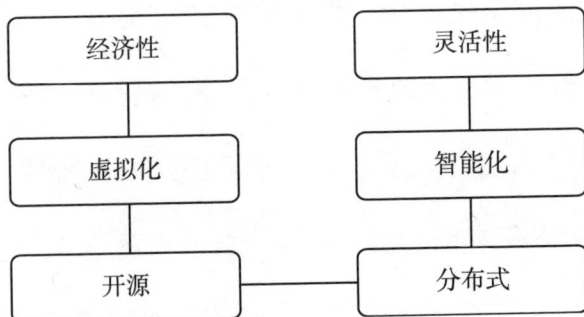

图 1-4　DT 技术群落及特点

资料来源：阿里数据经济研究中心，2015。

个领域。该领域的顶级专家Alpaydin先生定义机器学习为"用数据或以往的经验，来优化计算机程序的性能标准"。可见数据是机器学习和人工智能的基础。尤其是深度学习的出现和发展，使得人工智能迈上了新的台阶。在德国汉诺威工业博览会上，马云的"刷脸"支付带给业界很大的冲击，其就是支付宝的支付技术与Face++的人脸识别技术云服务结合的结果。

从Gartner 2014年技术成熟度曲线中可以发现，目前大数据作为一个新兴领域，已经在全球进入了应用发展的阶段。可以预见，未来随着大数据应用的不断发展，"应用"将成为越来越主要的牵引力。DT技术虽然最早源于互联网行业，但DT在传统行业的应用提升推动着数据作为要素在越来越多的行业企业用户中扩散，大量的用户从利用数据提高生产率、改善业务流程、进行决策支持等方面，发展到基于数据衍生新的业务模式，带动传统产业

数据处理能力的
未来需求走向：
在线、互联、
实时

基础层

数据层

应用层

高可用、
大规模云
计算、无
限存储能
力

流式数据
实时计算、
内存计算、
机器学习、
深度学习

人机交互
与人工智
能、自然
语言处理、
社交网络
分析、数
据可视化

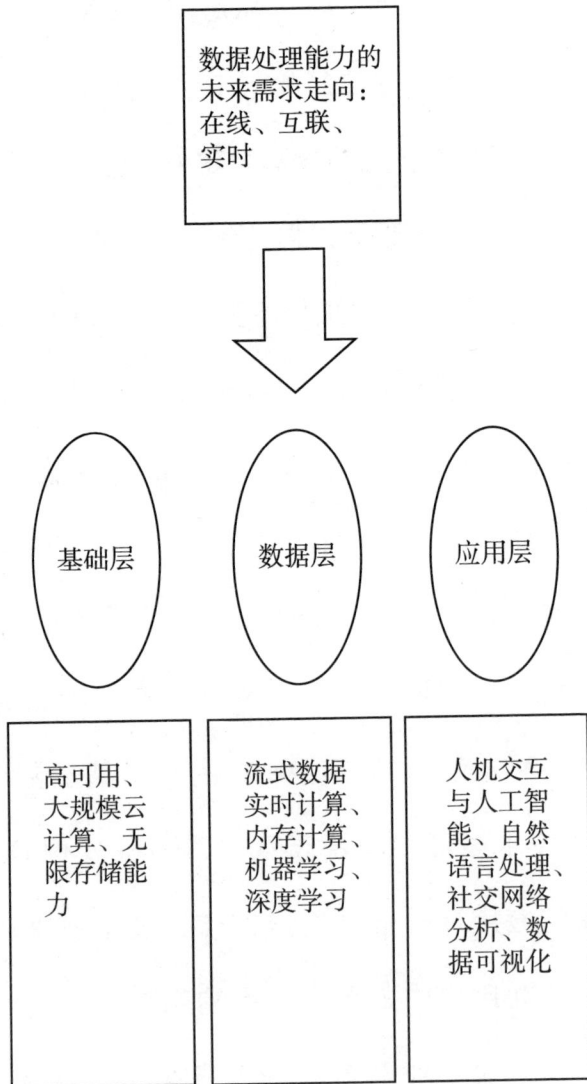

图 1-5　大数据技术的发展方向

资料来源：阿里数据经济研究中心，2015。

区块链存储GDP（10%）——2027——无人驾驶汽车增长（美10%），第一座5万人口城市没有红绿灯，人工智能机器加入公司董事会

2026

3D打印消费品，人工智能审计师（30%），全球汽车共享计划里程超过私人汽车——2025

互联网接入成为基本人权、家用电器互联网流量超过人通信流量（50%）、3D打印肝移植——2024

植入式手机、大数据取代人口普查、数字化身份证（80%）、联网眼镜（10%）、政府区块链收税、便携式超级计算机（90%）——2023

万亿传感器、互联网衣服、3D打印汽车——2022

机器人在制造业、农业、零售业、服务业普及，第一位机器人药剂师诞生——2021

无人驾驶汽车——2020

互联网汽车、VR应用爆发——2016

云芯片、可穿戴式设备爆发、智能家电繁荣发展——2015

（年份）

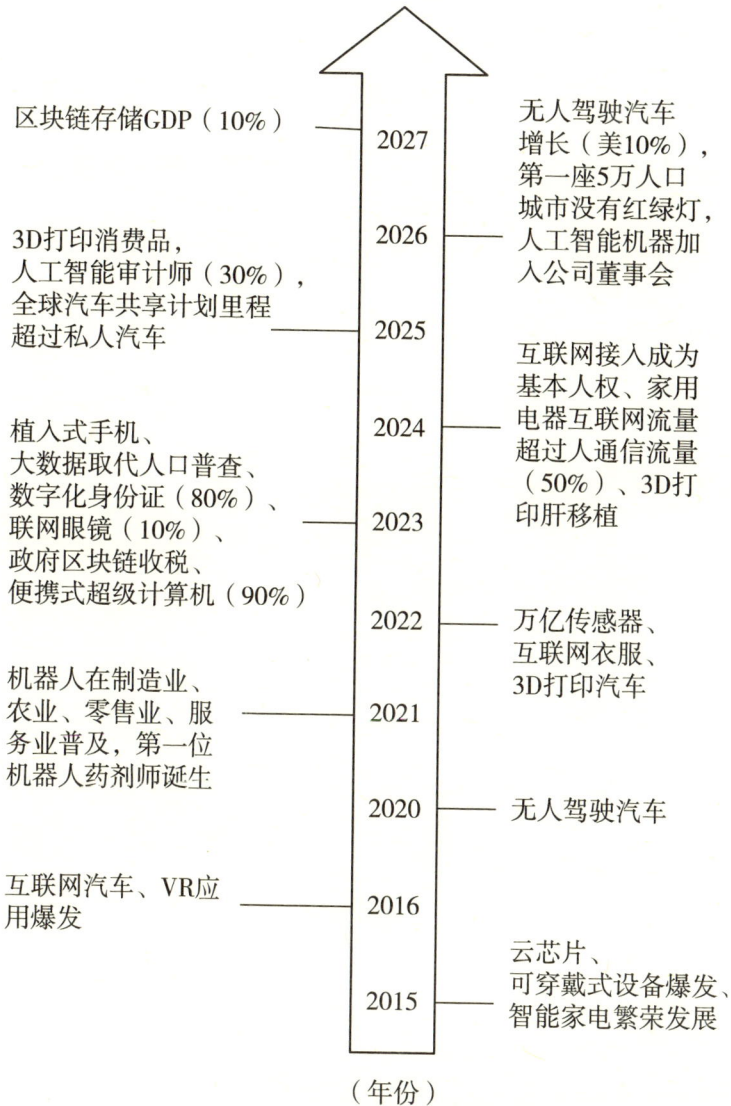

图 1-6　未来十年科技发展预测

资料来源：世界经济论坛，阿里云研究中心。

升级转型。

　　面向未来，"云大智物移"的新技术群落，还能带来更多的可能性与想象空间。正如阿里巴巴集团董事局主席马云所言："我们正在经历的这一次技术革命，是在释放人的大脑。未来三十年，整个变革会远远超过大家的想象。"综合世界经济论坛、阿里研究院的研究：借助芯片、传感器、智能终端等科技领域的快速进步，未来 10~15 年"云大智物移"这一组新的技术群落还将发生令人期待的快速变革。

（三）DT 产业进行时

　　在 IT 世界里，存在着众多的技术创新主体，这其中既有从硬件起步的 IBM、HP、EMC、Cisco 等巨头，也有以软件制胜的 Oracle、微软。从 IBM 的百年历史中能够看出，以单一的技术提供者身份，可以为大型企业级用户提供从硬件、软件到服务的完整 IT 解决方案，Oracle 与微软在数据库、操作系统与办公软件市场上领先。这些 IT 世界的领军企业，也都早早注意到了 DT 时代的到来，纷纷以收购或转型的方式向云计算和大数据方向进军。

但这一次巨变给 IT 产业带来的冲击是根本性的，因为 IT 业务范式不再是以"硬件 + 软件"为主导，而是以"数据 + 服务"为主导。今天，DT 世界的产业生态正变得丰富多彩，由于以云计算作为基础设施，数据在此之上的流动、共享以及价值发现变得更加容易。围绕着数据的收集、存储、管理、分析、挖掘和展现等不同功能，都会出现不同的角色，从数据生产者、数据提供者、数据服务提供者、第三方数据市场、数据解决方案提供者到数据消费者、数据资产评估机构等多个角色，都会在 DT 世界中生长。

数据消费者

大数据服务提供者

第三方数据市场

数据解决方案提供者

云服务商、数据产品技术提供商、行业解决方案商

互联网公司、政府、运营商、金融用户等

数据提供者

数据资产评估机构

云计算平台服务商

交易、社交、邮件、机器和移动设备

数据生产者

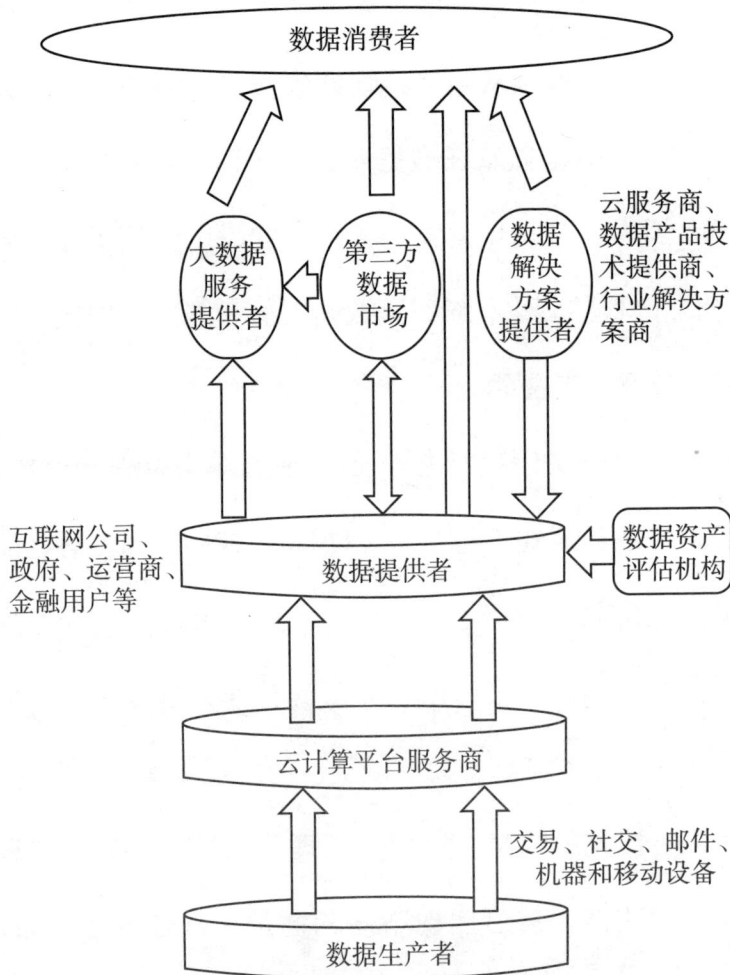

图 1-7　DT 产业概略图

资料来源：阿里数据经济研究中心，2015。

目前的创新领先者，大都是数据解决方案提供者或数据服务提供者。以阿里巴巴为例，其已经基于淘宝和天猫的大量消费者和商家数据，支撑起了阿里小贷、芝麻信用等相关业务。阿里巴巴同时也是基于阿里云的大数据解决方案提供者，可以为阿里云用户提供数据产品技术服务。此外，基于云平台的数据分析服务也是现在最受关注的领域之一，Metamarkets、Gooddata、Domo 等创新企业都是以数据分析和展现云服务的模式出现的。

（四）各产业的 DT 化进程

在 DT 化的过程中，"人、事、物"都在被数据化，瞬间产生了大量人与人、物与物、人与物之间的数据。据 IDC 每年针对数字宇宙的研究，中国数据量在 2014 年达到 909EB（1EB=1024PB），占全球的比例为 12%，到 2020 年数据量将会达到 8060EB，占全球的比例将会达到 18%。正是基于这样的背景，DT 受到了各界的广泛关注，它已渗透到金融、医疗、电力、制造等几乎各个行业。随着大数据领域的新产品、新技术、新服务不断涌现，行业的 DT 化进程正在加速。

我们认为，不同的行业基本上会沿着"信息化 - 在线化 - 云化 -DT 化"的路线发展。

- 大部分企业的信息化以自身信息系统建设为主线。

- 在线化意味着内部数据开始走出企业，外部数据可以走进企业。

- 云化意味着可以利用云的基础设施实现成本最小化，同时实现数据管理能力的最大化，数据之间能够很容易地互动起来。

- 前面的三步主要围绕着业务数据化，所谓的业

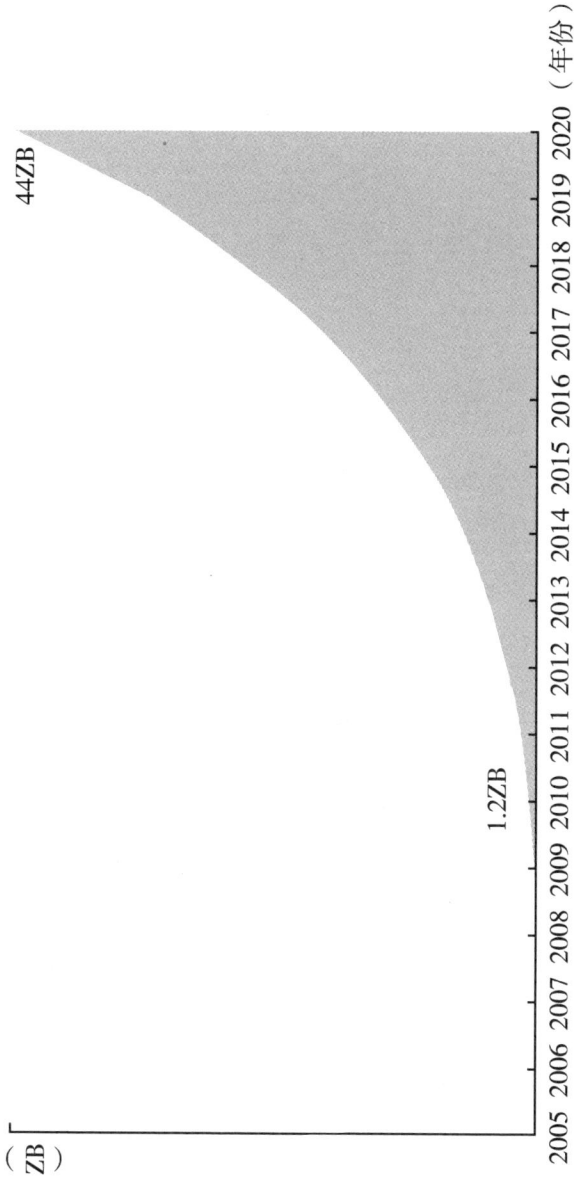

图 1-8 2010 年后全球数据进入 ZB 时代

资料来源：IDC 数字宇宙报告，2014。

务数据化核心还是实现原有业务的数据化管理，以提升业务运营效率、改善业务流程和客户关系、支持决策管理等为主要目标，比如阿里巴巴平台上的业务数据化就体现为多年沉淀了大量的在线数据。DT化则意味着数据业务化。这是一个与业务数据化完全不同的新型数据开发模式。在这个新的模式中，需求方与供应方的信息壁垒消除，数据成为驱动业务创新的核心要素。

具体来看，行业DT化进程的速度，与行业的信息化水平、行业与消费者的距离、行业的数据拥有程度紧密相关。DT化进程较快的行业如下。

第一类是互联网和营销行业。互联网行业本身就是离消费者最近的行业，同时拥有大量实时产生的数据，在线化是企业运营的基本要素，因此DT化的程度是最高的。与之相伴的营销行业，是围绕着互联网用户

传统信息化	→	在线化	→	云化	→	DT化
·传统IT系统建设阶段 ·自主采购IT软硬件为主		·内部数据开始走出企业 ·外部数据可以走进企业		·基础设施采用具有成本优势的云计算平台 ·为实现数据能力的最大化、数据之间的共享互动奠定技术基础		·需求方与供应方的信息壁垒消除 ·数据成为驱动业务创新的核心要素

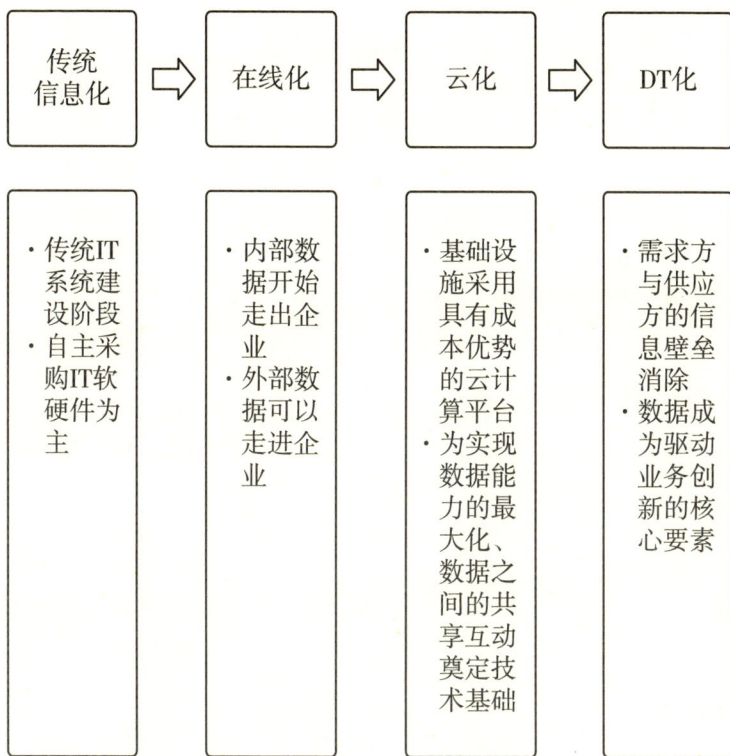

图 1-9　DT 化的内在进程

资料来源：阿里数据经济研究中心，2015。

业务数据化	数据业务化

记录电商交易过程中的所有数据；

数据分析和服务围绕着阿里电商业务；

服务于阿里巴巴业务部门和管理层；

降低成本，提升效率、运营水平和服务质量。

阿里数据+外部数据+技术输出产生新商业模式；

服务于阿里生态；

服务于更多传统行业用户。

个性化推荐
个性化服务
搜索优化
会员管理

阿里妈妈
生意参谋
蚂蚁微贷
芝麻信用

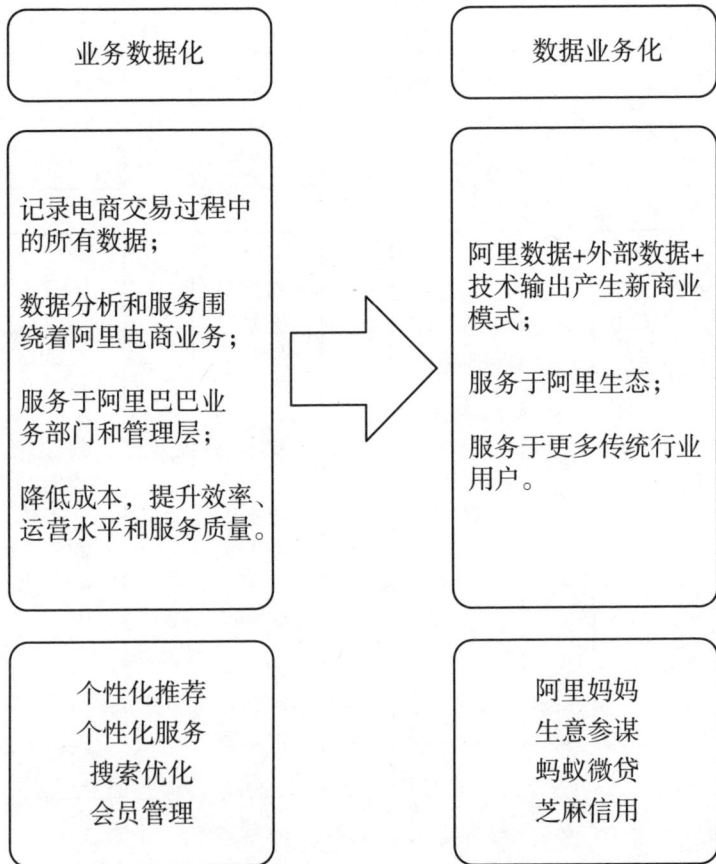

图 1-10　业务数据化到数据业务化（以阿里巴巴为例）

资料来源：阿里数据经济研究中心，2015。

行为分析，以为消费者提供个性化营销服务为主要目标的行业，因此 DT 化程度也很高。

第二类是信息化水平比较高的行业，比如金融、电信这两类行业，它们的内部信息系统相对比较完善，对内部数据有大量的历史积累，并且有一些深层次的分析类应用，目前正处于内外部数据结合共同为业务服务的阶段。政府部门的信息化程度和数据化程度与金融、电信行业相比差距较大，但政府的 DT 化将会是未来整个 DT 世界发展的关键，数据开放可以使政府数据的在线化走得更快，从而激发数据类创新创业的大发展。

第三类是制造、物流、医疗、农业等行业，它们的 DT 化进程还处在初级阶段，但未来消费者驱动的 C2B 模式会倒逼这些行业的 DT 化进程逐步加快。

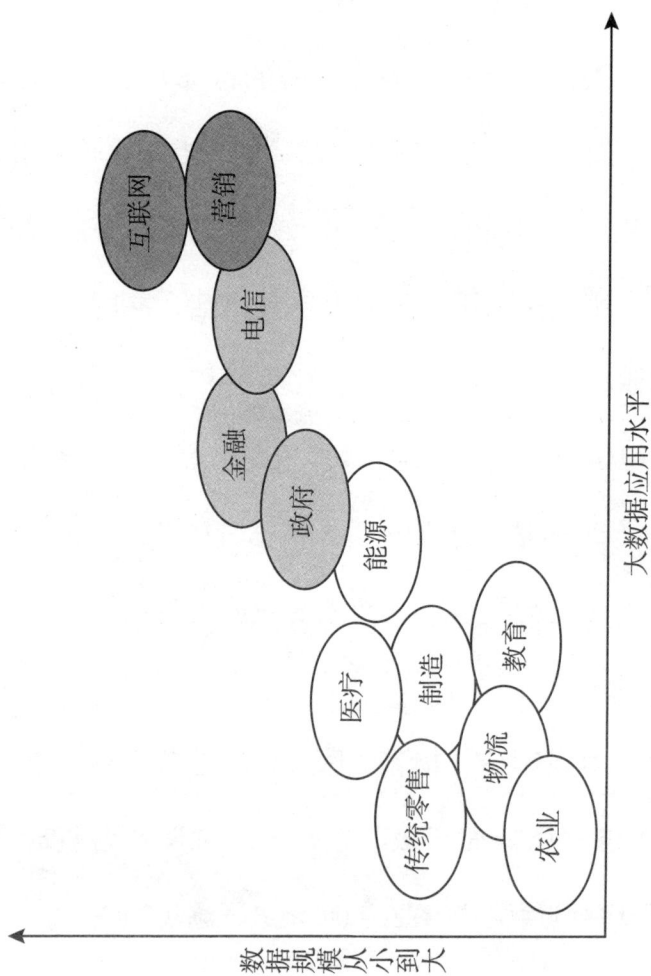

图 1-11　各行业的 DT 化进程

大数据应用水平

数据规模从小到大

互联网

营销

电信

金融

政府

能源

医疗

制造

教育

传统零售

物流

农业

资料来源：阿里数据经济研究中心，2015。

2

范式篇：DT 时代的"技术 - 经济"范式

2014 年，阿里巴巴集团董事局主席马云提出了
DT 时代的全新理念。他认为，人类正从 IT 时代走向
DT 时代。IT 时代是以自我控制、自我管理为主，而 DT
时代，则是以服务大众、激发生产力为主。马云先生
在后续的数次演讲中指出 DT 时代的核心特征主要包
括以下四点。

- 利他主义——DT 技术的核心是利他主义，"相
  信别人要比你重要，相信别人比你聪明，相
  信别人比你能干，相信只有别人成功，你才
  能成功"。

- 体验——"DT 时代一个非常重要的特征是体
  验，就是感受。我们 20 世纪讲了很多服务，
  不断地增加服务能力，其实客户要的不是服
  务，而是体验。"

- 透明度——"21 世纪由于出现了数据，出
  现了互联网，你要想隐藏一点东西基本没可

能，所以隐私这个问题很有意思，今天讨论隐私担忧的问题，20 年以后基本上观念都转变了。"

- 小企业——在 DT 时代，小企业变成关键。"小企业的需求是很多的，比如物流、诚信、信息、数据和支付。这整个体系，我们没有办法全做完，所以必须引进各种各样的合作伙伴，大家一起来干，每个人在这里面拿到一点点，你才有机会成功。"

马云先生以上四点表述，主要是从商业角度展开的（关于隐私的话题，则涉及了治理问题）。这四点论述，是从商业角度研究 DT 时代的一个良好的开端。

如前所述，随着 DT 技术、DT 应用、DT 产业的发展，各产业 DT 化进程不断深化，DT 对社会经济各个领域的影响力已经逐步显现出来。在此，我们试图初步刻画这一全新的"技术 - 经济"范式。

（一）DT 改变社会经济的各个层面

电力与信息技术都是通用目的性很强的技术，对社会经济的各个领域，都有着广泛深入的影响。

电力照亮的不仅是家庭和工厂，也照亮了一百多年来工业文明的经济与生活。如果说蒸汽机的发明意味着工业文明的开端（IT 技术的发展意味着信息文明的开端），那么直至第二次工业革命诞生的公用电厂所带来的均质化的、统一的、相对廉价的电力，才推动着工业文明走向了它的成熟期（正如云计算和 DT 技术意味着信息文明的逐渐成熟）。作为一种极具通用性的技术，由电力所引发或与电力革命相伴而行的，是相互作用的一连串事件：大规模生产、大规模消费、科层制、科学管理、经理人阶层、信用贷款、郊区化、中产阶级……它们共同推动着工业文明走向成熟，这一进程中电力所发挥的，既是基础设施的作用——支撑起了大规模生产，也是核心赋能者的作用——全面地改变了工业文明的结构与过程。

通过以上对电力影响力的回顾，我们完全可以预见 DT 对宏观经济、社会治理、文化生活的巨大影响。

1. 微观内核层面：商业模式和组织模式将发生重大变化。

回顾过去，电力这一普适性的技术，对于工业时代福特制商业模式和泰勒制组织模式，都有着内在的影响。比如电力相比于蒸汽机技术，使企业组织在空间上摆脱了水流、煤矿等的地理限制，在生产方式上则能够更灵活地安排机器和生产线的布设、组织大规模生产等。

到了 IT 时代，IT 技术让大企业拥有了高效的 IT 服务，极大地提高了效率。而海量的小企业则"用不起、用不上"高效率的 IT 服务。举例来看，过去二三十年来，在 IT 技术的支撑下，伴随着现代零售业和物流业的发展，发达国家的企业经历了一场供应链效率极大提升的过程。沃尔玛与宝洁这两家大企业，就是零售商与生产商无缝协作的典范。这两家企业建立起信息系统的连接之后，营运状况都得到了很大改观。沃尔玛一旦发现宝洁某一产品存量不足，就会自动通知宝洁供货。甚至每当顾客购买宝洁产品时，沃尔玛的系统就会将信息传到宝洁，而宝洁就可以按照这些信息去安排生产。沃尔玛是最早采用计算机跟踪库存的零售企业之一（1969年），也是最早使用条形码（1980 年）、利用 EDI 与供货商进行更好地协调（1985 年）、发射自己的通信卫星（1986 年）和使用无线扫描枪（20 世纪 80 年代末）的零售企业之一。总体来看，IT 技术对于沃尔玛等大企业提高效率、降低成本发挥了至关重要的作用。

但从 IT 技术给 "生产者 - 销售者 - 消费者" 所提供

的互动可能性上来看，IT 时代的商业模式仍然是一种以企业为中心，而不是以消费者为中心的商业模式。在组织模式上，仍然以金字塔体系、职能制分工为主。到了 DT 时代，DT 这一普适性的技术，则为 C2B 商业模式和云端制组织模式，提供了巨大的可能性（详见第 3 篇）。

2. 中观层面：DT 将在产业层面上大有作为。

电力曾催生了无数与电力相关的新兴产业——典型如家电业，今天形形色色的各类电器，几乎填满了这个地球上的每一个房间。电力也"改造"了几乎所有的产业，至今电气化的历程都还没有完全结束。此外电力也"消灭"了一些产业，典型如当时存在的运冰业——有了电冰箱，谁还需要去储存和运输自然界里的冰块呢？

DT 对产业的影响，从以下三个方面展开。

- **催生新产业。**据工业和信息化部电信研究院（中国信息通信研究院）《大数据白皮书（2014）》的研究，新生的大数据产业生态中，主要包括大数据解决方案提供商、大数据处理服务提供商和数据资源提供商三个角色，分别向大数据的应用者提供大数据服务、解决方案和数据资源。Wikibon 数据显示，2014年全球大数据市场规模达到 285 亿美元，同比增长 53.2%。大数据成为全球 IT 支出新的增长点。Gartner 数据显示，2014 年数据中心系统支出达 1430 亿美元，比 2013 年增长2.3%。大数据对全球 IT 开支的直接或间接推动将达 2320 亿美元，预计到 2018 年这一数据将增长三倍[①]。

- **改造传统产业。**在大数据的影响下，首先是原

---

① 转引自赛迪智库：《大数据发展白皮书（2015）》。

来的 ICT 产业结构会被重新组合，比如拥有云计算服务能力的互联网企业，正在成为越来越重要的大数据服务商。其次是各个行业的 DT 化进程会逐步加速。例如，国际咨询公司 BCG 的研究发现，银行业的数据强度高居各行业之首——银行业每创收 100 万美元，平均可产生 820GB 的数据。大数据对国外银行业的影响，已经从很多方面体现出来。比如，将大数据技术应用到信贷风险控制领域，用大数据为客户制定差异化产品和营销方案，用大数据为优化银行的运营提供决策基础，用大数据拓展中间收入等。

- **淘汰落伍产业。**比如，一些不适应大数据要求的技术、产品的 IT 提供商，必将受到很大的冲击：在理念层面失去感召力，在产业层面失去影响力，在市场份额上也会受到越来越明显的冲击。

3. 在宏观经济和社会层面上，**DT** 的巨大影响表现为三个方面。

- 数据作为一种越来越重要的生产要素，将成为比土地、资本、劳动力等更为核心的要素，推动社会经济进入一个全球性的黄金年代。

- DT 将给公共管理与民生服务领域带来全新的可能性，使其治理效能将得到全面提升。

- DT 时代将让"开放、分享、透明、责任"等文化属性，越来越成为社会的主流文化。

（二）一整套范式的转移与升级

回溯 IT 和 DT 的发展史，可以更好地理解"今日从何而来"。

工业文明发轫后的两个世纪里，处理物质和能量

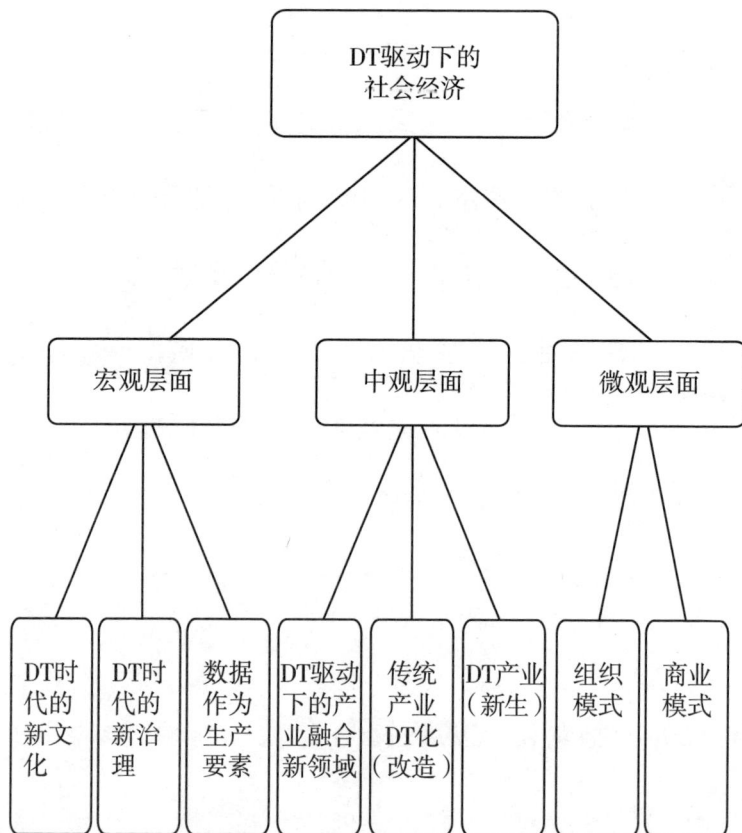

图 2-1　DT 视角下的研究框架

资料来源：阿里数据经济研究中心，2015。

的技术，其发展水平要远高于处理信息的技术。19 世纪末 20 世纪初，无论是巨型企业如美国的铁路公司，还是不断膨胀的美国政府，都越来越难以应付日益复杂的社会经济事务所产生的海量信息。现代 IT 应用的前身——制表机等办公设备在 19 世纪末逐渐得到广泛应用，这说明处理信息的技术开始快速追赶处理物质和能量的技术。据钱德勒等在《信息改变了美国》一书中的研究，19 世纪末 20 世纪初，美国企业经历了大发展的阶段。随着工业大生产的发展，大型企业组织不断出现，企业的产品数量和产品种类都在急剧增加，管理者为了更好地运营企业，对信息产生了极大的需求，公司内部需要对大量的数字信息进行记录、存储、检索、分析以及显示。比如，铁路公司每天都要处理大量的乘客、货物、款项信息，需要通过信息管理去实现高度复杂和严格控制的流程。铁路等组织，正是制表机最初的主要市场。

从市场扩展的角度来看，市场是无形之手，也是有形之网。市场作为一种持续扩展的合作秩序，是商业主体之间在数量、范围、互动频率、价值交换上的持续扩展。20 世纪初，随着铁路、高速公路等基础设施的发展，全国性媒体如报纸、杂志、电台、电视台的出现，美国等发达国家的国内统一大市场快速形成。而在全球范围内，二战后布雷顿森林体系、关贸总协定、世界银行、国际货币基金组织等的出现，则极大地扩展了全球市场的广度与深度，全球贸易、跨国公司等的发展都是如此。即使排除冷战因素对于信息技术发展的驱动，仅就经济领域而论，二战后，在这样一个庞大且复杂的国内与全球市场上，要开展快速、高效的商业活动，自然会对信息技术产生越来越多的需求。

因此，在制表机出现后的很长时间里，政府、企业、家庭、个人，都对 IT 产生了持续不断、无所不在的巨大需求。据统计，从 20 世纪 60 年代末到 21 世纪初，美国公司在软件上的开支上升了 100 倍！

从核心资源投入的角度来看，美国曾以大约 50 亿吨钢的耗费，才最终完成了其工业化进程，与此类似，对 IT——到今天进一步演化为 DT——的持续投资，已经成为过去几十年来的核心投资。不论是把大数据比喻为石油一样的重要资源，还是把它看作全新的生产要素，社会经济的发展都已经越来越取决于数据利用的效率。麦肯锡的一项研究就表明：如果美国医疗卫生部门能有效利用海量数据来提高效率和质量，每年通过数据获得的潜在价值将超过 3000 亿美元；充分利用海量数据的零售商，也能将其利润提高 60% 以上。由此可见，已经被言说了几十年的所谓 "信息经济"，到今天的 DT 时代，才终于名副其实。

再从基础设施的角度来看。经济、社会活动的正常运作，有赖于基础设施发挥其支撑功能。随着经济形态从 "工业经济" 向 "信息经济、数据经济" 加速

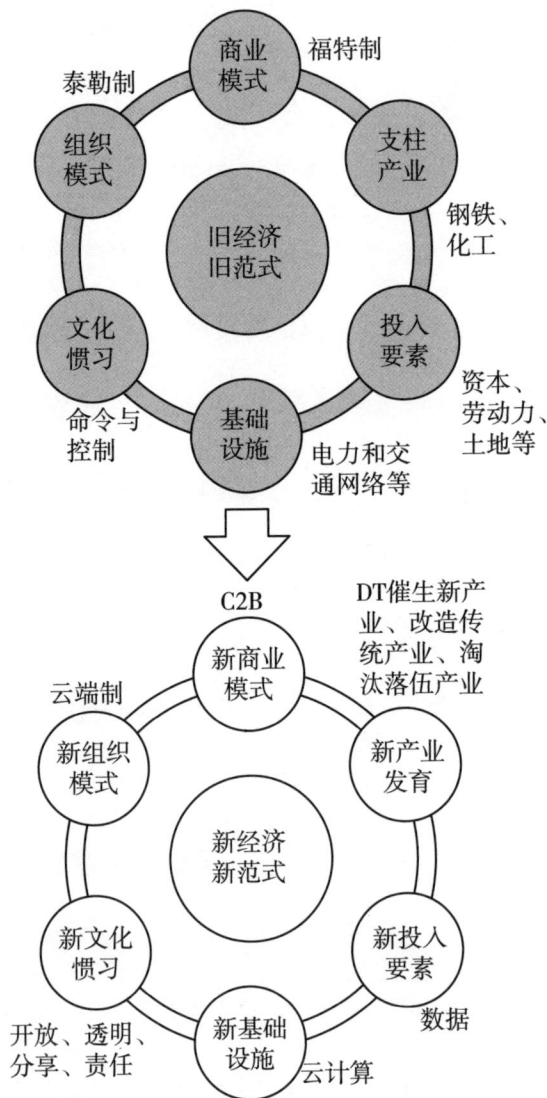

图 2-2　范式转移：从工业时代到 DT 时代

资料来源：阿里数据经济研究中心，2015。

转变，基础设施的巨变也日益彰显。

DT 时代的基础设施，是指 "云网端" 等云计算、大数据基础设施。生产效率的提升、商业模式的创新，都有赖于对数据利用能力的增强，而云计算、大数据基础设施将让用户像用水、用电一样，便捷、低成本地使用计算资源。"网" 不仅包括原有的 "互联网"，还包括 "物联网"，网络承载能力将不断得到提高，新增价值将被持续挖掘。"端" 则是用户直接接触的个人电脑、移动设备、可穿戴设备、传感器，乃至软件形式存在的应用，它们是数据的来源，也是服务提供的界面。

新的基础设施、新的生产要素，为商业创新带来了巨大的变革活力。在 DT 时代，包括 "基础设施 + 投入要素 + 支柱产业 + 商业模式和组织模式 + 文化惯习" 等在内的一整套技术经济范式，已开始显现其雏形。

表1 工业时代、IT时代、DT时代的"技术-经济"范式对比

	工业时代	信息经济第一阶段：IT时代	信息经济第二阶段：DT时代
代表性基础设施	电力、交通网络等	传统数据中心、数字通信网络	云计算、互联网、智能终端等
投入要素	资本、劳动力、土地等	信息	数据
代表性产业	汽车、钢铁、能源等	IT产业，以及被IT化的各行业	DT产业、被DT化的各产业、DT驱动的融合产业
核心商业主体	大企业主导，追求一体化	大企业主导，大企业"用得起、用得上"IT技术，支撑起高效的供应链协同	小企业和消费者主导，"用得起、用得上"高效DT技术，支撑起大规模在线协作
经济形态	规模经济，以产品为价值载体	规模经济+范围经济，以服务和解决方案为价值载体	范围经济、体验经济（以体验为价值载体）
商业模式	B2C	大规模定制为最高形态	C2B
组织模式	泰勒制	传统金字塔体系受到冲击，各类流行的管理理念此起彼伏	云端制（大平台+小前端）
文化惯习	命令与控制	泰勒制松动	开放、分享、透明、责任

资料来源：阿里数据经济研究中心，2015。

（三）DT 作用于商业变革的机制

云计算、DT 技术，或者："云计算 + 大数据"赋能于商业创新的触媒是什么？改变商业的逻辑是什么？我们注意到，以下三点对于理解这一问题非常重要。

1. 云计算促进了数据之间的联通

对此，埃森哲首席科学家齐韶在 2012 年曾有过非常精彩的论述："云计算模糊了企业内部 IT 与外部 IT 的界限……公司间传统的数据与程序相隔离的状态将有望被打破，随之将出现新的商业生态和价值网络……未来五年，公司间的业务流程可能会高速增长，这反过来将有助于商业生态系统的建立……公司 IT 系统一旦穿过防火墙，就非常容易与其他公司的 IT 系统实现信息交流与交换，从而越过公司界线执行业务流程。"

2.（大）数据是直接赋能于商业创新的核心触媒。

自人类从农业社会进入工业社会以来，商品的生产和流通就不仅包括物质的转变和移动，同时也包括对各种商业信息的处理。钱德勒在《信息改变了美国》一书中甚至认为，从报纸、邮局、电报、电话一直到今天的互联网，美国人为进入信息时代已经准备了300多年！他特别提到，19世纪末20世纪初，企业开始采用多种办公设备，引入科层制管理，由此才能对企业内部信息进行有效地记录、存储、检索、分析和交流。沿着钱德勒的思路可以发现，此后很长时间里，虽然信息处理领域经历了一轮又一轮的技术革命，但在总体上，受制于IT技术的就绪度和普及率，事实上只有少量比较关键的数据得到了记录、收集、整理和分析。而且严格地说，这类数据其实更接近于加工后的信息，只是对复杂商业世界的一种简化，而不是实时、全方位地反映真实的商业世界的全貌与动态的数据。

随着云计算带来的对海量数据进行收集、存储和计算的能力的飞跃，原则上所有商业活动中产生的数据都可以被收集起来。数据量的飞升，带来了商业运作逻辑的根本变化。当商业活动围绕少量的重要数据展开时，企业内的管理和企业间的协作是单向的、线性的；而当数据是全方位、实时产生时，企业内的管理和企业间的协作就越来越像互联网一样，要求网状、并发、实时协同了。

3.（大）数据的分享/交换，驱动着商业运作逻辑转向网状协同。

在云计算和大数据之前，商业运作的基本过程是"结构化的数据附着于结构化的流程"，而现在的形势则正在转向"非结构化的数据驱动非结构化的流程"。

　　互联网、云计算的到来，让企业的商业环境发生了巨变。今天商业环境的基本特征是企业单边主导地位逐渐丧失，员工和消费者等个体，则正在获得极大的主导权，而且他们也是数据产生的主要来源（姑且不论来自物联网等物理设备的数据）。持有多样终端的员工和企业之外的消费者所产生的数据，主要是文本、视频、图片等非结构化的数据，这在根本上改变了企业所拥有和需要运用的数据类型。而且，这类非结构化的数据并不必然地附着于企业的流程。实际上，大部分情况下它们都漂移于企业固有的商业流程之外，不依赖于企业流程而存在。如果仍然借用"流程重组"的概念，那么接下来的"流程重组"，其基本特点将是非结构化的数据驱动非结构化的流程——以消费者为中心的、非固化的、灵活动态的商业流程协同。

　　更直接地说，DT之前"信息"是商业决策的附庸，对管理决策只起到辅助作用。典型如企业内部的 BI 部门，就是定位于通过数据分析帮助高管做决策。但这样的模式无法利用好今天大部分的新数据。在互联网时代，全方位的实时数据直接驱动商业决策，企业必须改变自己的流程来适应流动的、非结构化的数据，而不是对数据削足适履。最适合这种数据特征的运作模式将是一张新的网：实时协同的价值网。

在工业时代线性控制的逻辑下，企业内部表现为流水作业和科层制结构，在企业之间则表现为线性的单向供应链，其基本特性是：集中化导致单向化、片面化分工及单向化传送（以企业为中心向消费者交付产品）；每个环节上都由单一角色（专门化）执行预设的功能（每一个企业和个体都变成了 "螺丝钉"）；供应链各角色之间是 "线性串联" 和紧密耦合的关系。

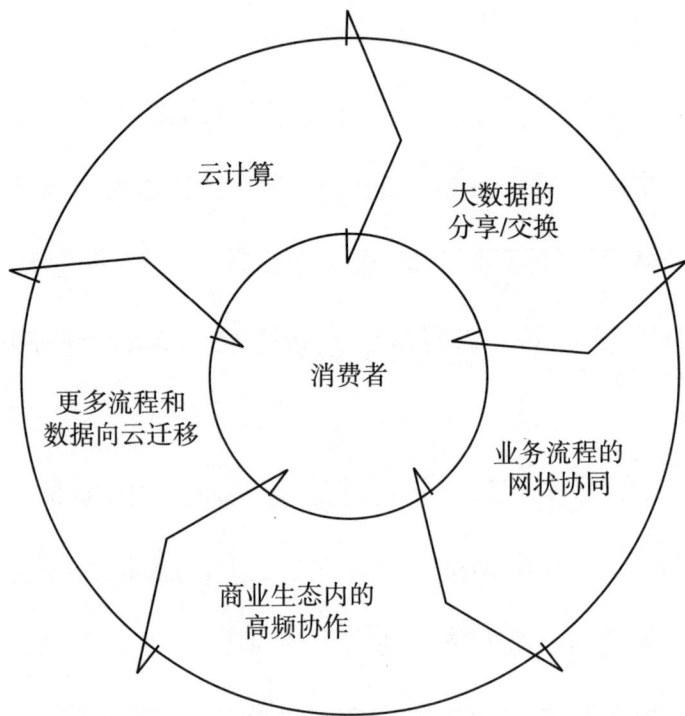

图 2-3 数据驱动业务流程

资料来源：阿里数据经济研究中心，2015。

而在互联网时代网状协同的逻辑下，企业内部变得开放化、社区化，企业外部则表现为以消费者为核心的网状协同的在线价值网，其基本特性是：分布式导致多元化分工、多向化互动（消费者与企业的紧密互动）；价值网里的每一个企业的角色都随消费需求而变，并在不同价值网里扮演多样化的角色；价值网里各角色之间的关系是"超链接"和松散耦合的关系。

每年"双 11"期间由数据所驱动的物流协同是这一协同价值网的典型例证。2015 年天猫"双 11"全球狂欢节物流订单量达 4.67 亿份，没有任何一家物流公司能独力完成"双 11"的包裹配送任务。如此海量的订单，之所以能够顺利完成，正是由于数据化的驱动、社会化的协同。"双 11"期间，商家电子面单的使用占比超过 80%；617 个中转中心、17.6 万个网点与菜鸟网络的大数据预测系统——菜鸟天地完成实时连线和实时同步。大数据分单系统让快递分拣效率提升 30%以上；通过电子面单对配送网点地址的精确计算，几亿包裹不再走冤枉路，日均为全国消费者减少 1.6 亿小时包裹等待时间；通过菜鸟天地，超过 50% 以上的快递网点得到实时预警预报信息，从而可以对货物进行提前揽收。

大数据的分享 / 交换，是网状协同运作逻辑中最关键的一环。只有由特定的分享 / 交换机制所连接起来的企业之间（B2B）以及企业与消费者之间（B2C）的协作，才能让大数据在流动中发挥巨大价值——既然知识必然地分布于不同的个人和组织之中，那么唯有通过分享和交换机制，让大数据流动到拥有相关知识的个人或组织那里，才能够挖掘出它的价值。

从 IT 到 DT 的演变，其实正说明 IT 技术发展了半个多世纪至今，才真正开始有能力去支撑、映射、驱动真实商业世界的运作。

（四）DT 推动 "社会分工 / 协作" 跃上全新高度

一般而言，分工的深化同时也意味着交易成本（包括协作成本）的上升。但 "云计算 + 大数据" 的 DT 时代，则可能在多个层次上破解工业时代 "分工深化" 与 "交易成本上升" 之间的相互锁定，进而提供一套新高度上的分工与协作体系，这将大大突破工业时代的可能性边界，极大地扩展社会经济的新边疆。

1. 云计算 + 大数据，推动社会分工全面深化。

DT 时代新的分工和协作将表现出如下特点：

- 新的分工体系将变得更为精细化。基于对大数据的分享和交换，特色生意将越来越多，职业种类也将不断分化。

- 协作将走向大规模、实时化、社会化。大规模

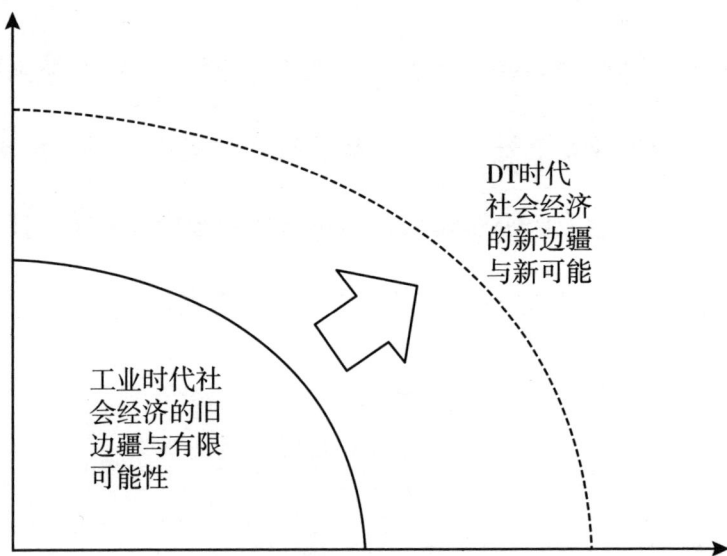

图 2-4　DT 推动社会分工 / 协作跃上新高度
资料来源：阿里数据经济研究中心，2015。

协作将越来越普遍。

- 工业时代的分工 / 协作是一种基于分工的协作，
  而信息时代的分工 / 协作则是协作前提下的分工。

在这种分工、协作体系下，生产者和消费者等基本经济角色的含义将发生重大变化。"消费者"正在转变为"产消合一者"，生产者和消费者的纽带——"企业"的存在与运行也发生了变化，比如，一些企业正在转变为"开放社区"，"员工"则正在转变为知识化的"专家"。

这种分工全面深化的原因是：

- 市场范围：大市场才会孕育出大分工，互联网和云计算支撑起了一个广度与深度达到了历史新高峰的全球大市场。

- 交易费用：互联网、云计算和大数据大幅降低了 C 与 C 之间、C 与 B 之间、B 与 B 之间的协作成本。

- 交易技术：云计算和大数据技术支撑孕育出淘

宝、支付宝等"高效、高频、海量"的交易系统与交易机制——典型如每年"双11"对淘宝和支付宝交易体系的"压力测试"——从而能够支撑起高度复杂的分工。

- 资产专用性：与工业时代企业的资产专用性不同，云平台以"平台共享"的方式，在云计算中心的"初始固定投入"与APP、垂直应用、增值业务等的"边际投入"之间，进行了一种超出企业资产专用性边界的社会化分工。

2. "平台"是 DT 时代"分工／协作"的主要载体。

平台模式由来已久，但在互联网时代，获得了全新的规模、内涵与影响力。

（1）全球性的巨型平台开始出现，平台成为一种越来越重要的经济现象、组织现象、社会现象。

据 KPCB 玛丽·米克尔在《2015 年全球互联网趋势报告》中的统计，全球前 15 大互联网上市公司（几乎都是平台模式）1995 年市值总和约为 167 亿美元，2015 年则为 2.4 万亿美元，20 年间增长了近 143 倍，这使得平台模式成为一个显著的经济现象。此外，Facebook 用户数 2014 年突破 22 亿，占全球人口 1/3，这也使得平台模式的社会影响越来越大。另据哈佛大学托马斯·艾斯曼的观察，全球最大 100 家企业有 60 家企业的主要收入来自平台商业模式。

（2）大平台 + 小前端的结构，正在成为 DT 时代越来越多商业组织的"原型结构"。

如淘宝平台（海量网店 + 海量买家）、苹果平台（海量 APP + 海量用户）、谷歌平台（海量网站和广告主 + 海量用户）、滴滴平台（海量司机 + 海量乘客）、蚂蚁金服平台（大量金融机构和创业者 + 大量金融消费者）等。在单个企业内部，也是如此，如海尔内部的"平台＋2000多个自主经营体"，以及后来的"企业平台化、员工创客化、用户个性化"，小微公司成为海尔基本单元等。网上女装品牌韩都衣舍，也出现了100多个买手小组。以上各种形式尽管名称各不相同，但其基本结构都是一致的。

（3）变革逻辑：用户需求倒逼组织平台化、个人专家化与柔性化。

消费者和用户的个性化需求，倒逼商业组织向着"大平台＋小前端化"的方向演化，这样才能"接得住"大量"小（批量）多（品种）快（反应）"的用户和消费需求。

而对于组织内部的小前端，甚至对于每一位社会成员来说，则会面对"专家化"和"柔性化"的考验。在今天这个巨变的年代，没有谁是专家，但人人又都是专家，因为人人都可能在某一个领域是全球第一。

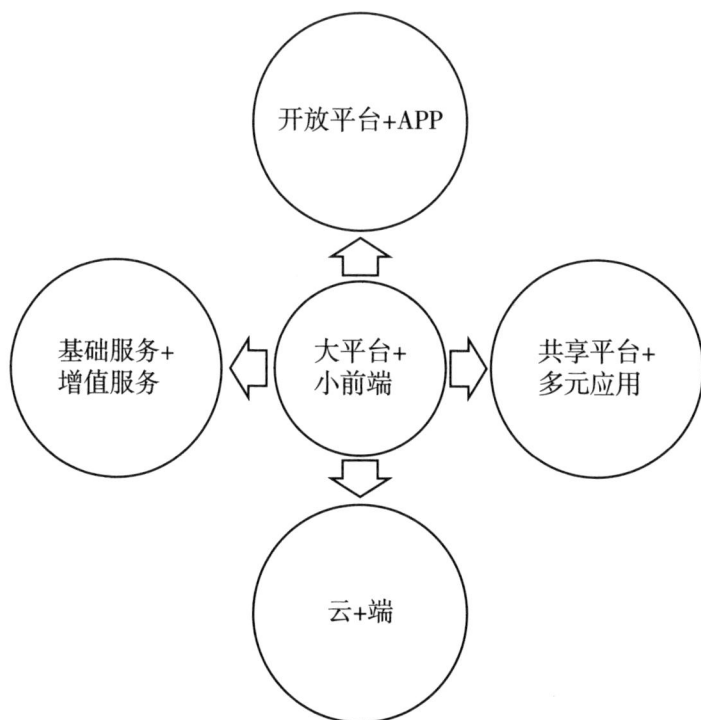

图 2-5　大平台 + 小前端

资料来源：阿里数据经济研究中心，2015。

同时，人人也都必须成为专家，自我监督、自我管理、自我提升。每一位社会成员，必须要学会更加柔性化地生存与发展。几百年前人们曾经毫无选择地进入工厂、接受管理，今天的个体（小前端），则可以越来越柔性地安排工作、生活、学习了。

简而言之，就目前而言，互联网、云计算、大数据带来了社会化、超大规模的分工与协作体系，这一大分工所带来的专业化效率，全面突破了工业时代的限制。而平台，特别是"巨型平台＋海量小前端"，则成为这一新型分工形态的全新载体与重要依托。

回到本章的主题，我们认为：从整体来看，DT 时代的"技术－经济范式"，是一种相互融合的新型的分工／协作关系。每一位社会成员的个人能力、就业方式、生活方式、文化惯习，都需要适应这一全新格局。

3

模式篇：DT 再造商业模式
与组织模式

任何一轮大的技术革命，如果不能在微观层面的商业模式与组织模式上取得实质性突破，就很难说是实现了时代性的跨越。从工业时代到信息文明的第一阶段 IT 时代，再到第二阶段 DT 时代，都是如此。

我们的初步研究发现，在以"云计算 + 大数据"为主要表征的 DT 时代下，B 端终于能够孕育出真正满足个性化、多样化需求的商业模式了（C2B），而与这一商业模式相对应的，则是"大平台 + 小前端"的企业内部与企业之间的组织方式（云端制）。

（一）20 世纪 70 年代：一个极为重要的时间节点

20 世纪 20 年代，"泰勒制"和"福特制"一起，在美国各个工业部门都得到了推广（这就是美国 20 年代的"产业合理化运动"），它们共同塑造了工业时代美国经济模式在微观层面上最为坚实的内核。

从美国经济的总体发展来看，"1890~1921 年，工人的实际工资增长了一倍，每周平均工作时间从 60 小时降至 50 小时。1919~1929 年十年间，劳动效率提高了 43%。历史学家所罗门·法布里坎特把这一时期生产率的快速提高归结为三个因素：一是大批量的生产方法；二是以泰勒科学管理理论为代表的管理学说；三是更好、更廉价的动力来源"。[①]

大生产为世界产出了源源不绝的丰富商品，从汽车到家电，在一个又一个的行业里，原来高高在上的奢侈品，由于技术进步和市场扩大而变成了必需品。到 20 世纪 70 年代，发达国家几乎所有的行业都出现了供过于求的局面，由卖方市场逐渐转为买方市场。

如《商业周刊》中的一篇报道所述："在 20 世纪五六十年代，整个美国都是一幅千篇一律的景象，不

---

① 常雪:《泰勒管理思想的演变及其本质剖析》,《商业时代》2007 年第 29 期，41~42。

仅种族背景大同小异 (大规模的西班牙移民潮还没开始)，人们的愿望也大同小异。美国人最大的理想就是与同一层次的人看齐：不仅仅是赶上同层次的人，还要与同层次的人一模一样——拥有同样的汽车、同样的洗碗机、同样的割草机。而产品丰裕度在七八十年代显著上升后，情况彻底改变了。我们从'我想做正常人'转向了'我想与众不同'。"①

1. 20世纪70年代实体经济供需不匹配的问题越来越突出。

发达国家的生产者和消费者，这两个最基本的经济角色，自20世纪70年代开始越来越互不满意了。

麦肯锡的一份调研报告表明，20世纪70年代以前市场需求平均预测准确率能达90%以上，到了80年代只有60%~80%，而到了20世纪90年代末21

---

① 〔美〕安德森:《长尾理论》，乔江涛译，中信出版社，2006，152~153。

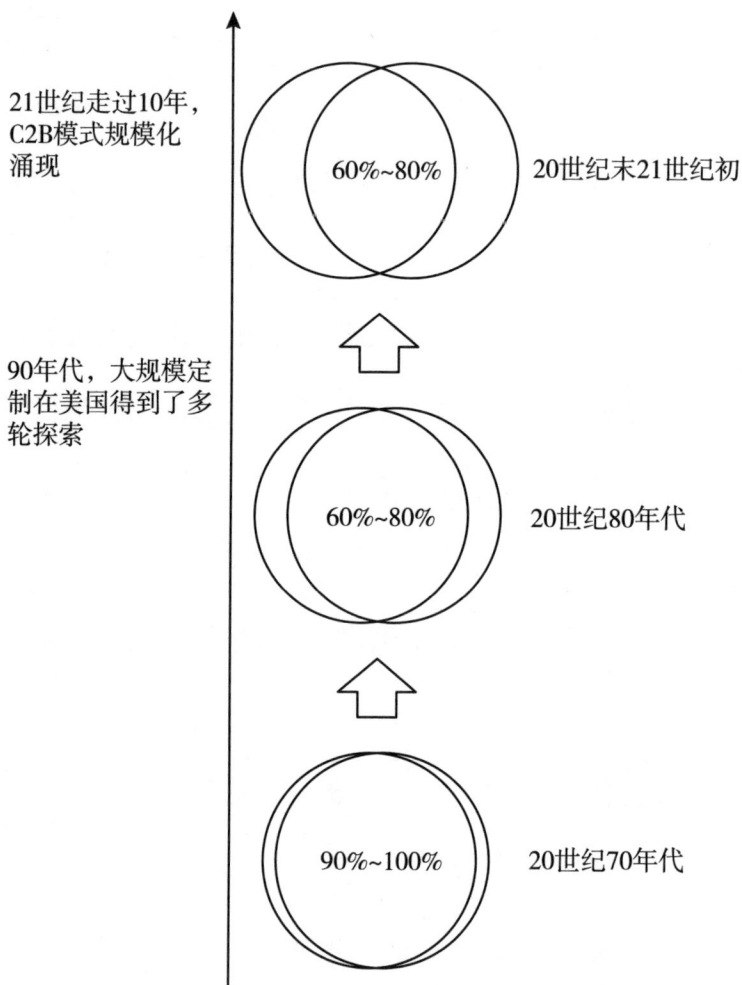

图 3-1　20 世纪 70 年代后，需求漂移，实体经济领域交易难以扩展
　资料来源：改编自肖利华等，《科学运营—打造以品牌为核心的快速供应链》，中国经济出版社，2008。

世纪初，则进一步降低到只有 40%～60%，即所生产出来的一半产品并不是消费者所真正需要的，而与此同时消费者真正想要的很多需求又没有得到满足。

2. 20 世纪 70 年代金融领域的衍生品交易开始持续放大。

当实体经济的交易难以放大时，金融领域的交易借助衍生品开始迅猛增长。

正如很多研究已经指出的，20 世纪 70 年代是金融领域的一个巨大"分水岭"。70 年代之前，发达国家汇率波动很小，金融管制较严格，整个金融领域缺少变化。但 70 年代后，随着 1973 年布雷顿森林体系的崩溃，汇率波动加大，通胀率上升，经济出现滞胀，客观上需要规避风险的金融工具。而电子信息技术的发展，则能够在技术手段上支撑金融信息快速、大量地被收集、传递和处理。

. . . .

1992　特种
　　　　互换

1990　股票
　　　　指数
　　　　互换

1985　欧洲
　　　　美元
　　　　期权

1983　股票
　　　　指数
　　　　期货

1980　货币
　　　　互换

1977　长期
　　　　政府
　　　　债券
　　　　期货

1975　抵押
　　　　债券
　　　　期货

1973　股票
　　　　期货

1972　外汇
　　　　期货

图 3-2　20 世纪 70 年代后，金融衍生品交易开始持续放大
资料来源：阿里数据经济研究中心整理，2015。

3. 20 世纪 70 年代在物质、能量、信息三个领域都出现了标志性事件。

当 20 世纪 70 年代工业经济在实体经济领域难以放大，只能寻求金融方向上的扩展时，信息文明则开始加速。

1973 年，随着第一次石油危机的爆发，发达工业国家告别了廉价石油的时代——石油是工业时代的标志性能源。也是在 1973 年，美国钢铁产量达到了 13680 万吨，成为美国钢铁产量的高峰——钢铁是工业时代使用量巨大的标志性物质。而几乎在同一时期，信息文明在物质上的基本投入要素——硅、晶体管、芯片也取得了革命性进步，1971 年，英特尔的第一款微处理器问世，它至今仍是计算的核心组件。也是在 20 世纪 70 年代，苹果、微软等一批信息文明的代表性企业开始快速成长。

信息文明走过第一阶段的起步期（IT时代），步入第二阶段的快速发展期（DT时代）

工业文明于70年代走向成熟：
1 美国钢铁（物质）产量达到历史最高峰
2 告别廉价石油（能量）
3 苹果、微软、英特尔等（信息）公司起步

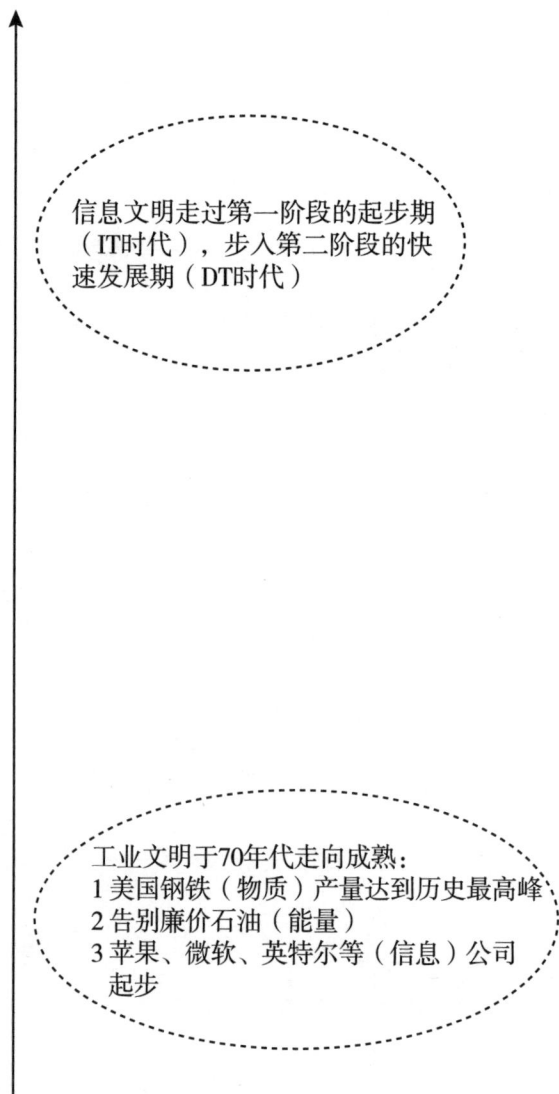

图 3-3　20 世纪 70 年代后，工业文明加速向信息文明转变
资料来源：阿里数据经济研究中心，2015。

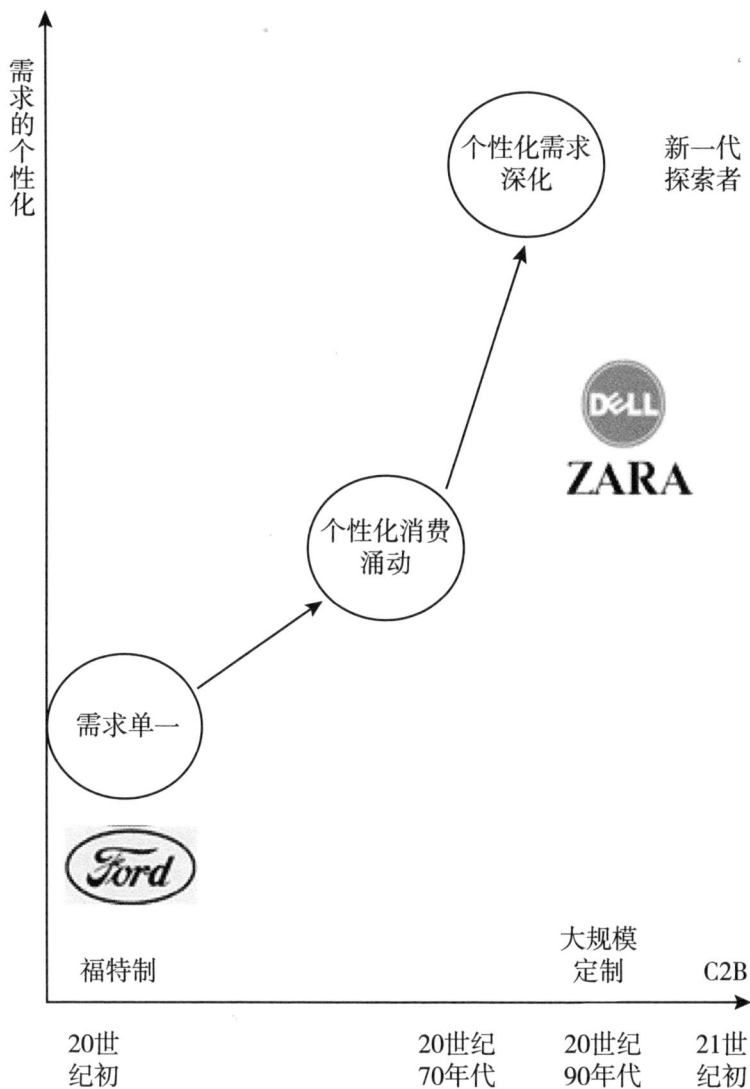

图 3-4　福特制—大规模定制—C2B

资料来源：阿里数据经济研究中心，2015。

以上可见，20 世纪 70 年代正是这样一个时间点：工业文明在一个又一个的发达工业国家相继攀上了属于它的历史最高峰。时代的转变，自 20 世纪 70 年代开始大幅加快了。

（二）今日从何而来：福特制—大规模定制—C2B

到 20 世纪 70 年代，标准化大生产已经无法有效满足消费者，对这种生产方式、商业模式的改造和探索力度开始加大。终于，到 20 世纪 90 年代，大规模定制作为一种理念被提出来。所谓大规模定制，是要以大规模生产所具有的成本、速度优势，满足消费者的个性化需求，其特性主要是：以顾客需求为导向，以产品的模块化设计、零部件的标准化和通用化为基础，以专业化分工和供应链协同为策略和手段，以现代信息技术和柔性制造技术为支持进行生产。

然而，在工业文明的环境下，大规模定制存在着诸多难以克服的缺点。对于企业来说，无论是发现和确认消费者的个性化需求，与消费者在定制过程中展开持续互动，还是实现成本、质量和速度之间的平衡，都让他们深感头痛。而消费者限于专业知识的缺乏，以及与企业互动渠道的不通畅，同样难以参与到定制过程中来。

想想看，在厂商和消费者之间，横亘着错综复杂的批发商、零售商，信号在层层传递中不断被扭曲和衰减。那么借助于市场调查又将怎样呢？20 世纪80 年代可口可乐在进行了约 20 万次口感测试后推出的新产品，最终却被消费者拒绝。因此市场调查也只是产消互动的一种非常抽象和间接的途径。消费者需求、调研数据、企业决策三者之间的差距往往非常大。

就明星企业来看，无论是以 ZARA 为代表的快时尚，还是以戴尔电脑为代表的大规模定制，即使它们比大规模生产更加贴近消费者，也仍然不是以消费者为中心的终极模式。戴尔电脑的创始人迈克尔·戴尔曾被认为是近百年来最接近亨利·福特的人，但戴尔实际上只为消费者提供了一种模块化、菜单式的有限选择，并且仍然倾向于让消费者去适应企业既有的供应链——换句话说，如果说香港利丰做到了为企业类客户提供一条定制化的供应链，那么戴尔还无法为每一位消费类客户去组织一条个性化的供应链。在高度分散化的个人市场上，在互联网出现之前，要做到这一点根本是不可能的。这一略显苛刻的评价只是想说明一点：在互联网、云计算、大数据普及之前，由于产消互动与匹配效率的低下——任何企业都无法真正满足海量消费者的个性化需求。一切还要等到"云计算 + 大数据"的普遍展开，大数据、"活数据"才能让产消双方这两个基本的经济角色，在个性化需求这个层面上达成新一轮的基本平衡：B 终于能够借助大数据，实现对 C 的精准营销和服务。

今天再去回望 90 年代的大规模定制，我们不难发现：它作为工业文明下对大规模生产的一种改良，几经反复，直至互联网与线下经济深度融合 20 年之后，大规模定制的基本商业逻辑，才以更为彻底的 C2B 形态体现出来。

大规模定制可以被认为是今日 C2B 浪潮的前身。

这就是 C2B 模式诞生的基本背景。

（三）C2B：DT 时代的商业模式

1. C2B 模式的基石与机制。

个性化营销、柔性化生产、社会化供应链的不断演绎，以及它们之间的协同互动，成为支撑和推动 C2B 模式不断展开的基石，也是它得以运作的内在机制。

（1）借助 DT 应用，实现个性化营销。

对于过去的企业来说，个性化营销是一种可望而不可即的能力。千人千面的精准营销，从来都只是一个理想而非现实。而云计算和大数据则能够支撑起大规模的个性化营销。今天，借助搜索引擎的个性化推荐、大数据挖掘、SNS 营销等手段，企业终于可以快速接近个性化营销的极致，能够直达无数分散化的、个性化的消费需求，使之聚合为具有一定规模、能够支持个性化生意得以成立的细分市场。

（2）DT时代的个性化需求，以脉冲效应持续倒逼生产柔性化。

柔性化生产的演变，是制造业近半个世纪以来的底层革命，其间所发生的，是一次次细微的、持续不断的创新。而今，在淘宝网这样的巨型平台之上，基于云计算和大数据的手段，激发、挖掘、汇聚、分类用户分散的个性化需求，正在一轮一轮地倒逼生产端的柔性化。

（3）倒逼供应链的社会化。

在互联网普及之前出现的供应链体系，是一种核心厂商主导的、以降低成本为导向的、协作范围相对有限的线性供应链。今天这种供应链形态正面临着如何"互联网化"的巨大挑战：如何基于网络化的数据共享开展社会化的协作，从而大幅提升协同和决策的效率？当越来越多的数据通过云计算实现共享和处理，基于大数据的、大规模实时协作的价值协同网也将逐渐成为现实。

2. C2B 模式的特征。

正在演化中的 C2B 商业模式，将具备如下显著特征：

- 消费者驱动：工业时代的商业模式是 B2C——以厂商为中心，而 DT 时代的商业模式则是 C2B——以消费者为中心。

- 以定制等方式创造独特价值：定制，意味着消费者不同程度、不同环节上的参与，在供过于求的时代这将带来独特的体验价值。

- 数据共享所驱动的大规模协作：过去二三十年发展起来的线性供应链，今天必须能够实现大规模、实时化、社会化的网状协作。

- 基于互联网、云计算、大数据平台：这些新型基础设施，类似于工业时代的公用电厂与电网。

表 1　三类商业模式的比较			
内容	大生产	大规模定制	C2B 模式
起始时间	20 世纪初	20 世纪 90 年代	近些年
市场环境	需求单一、供不应求	需求多变、供过于求	个性化需求勃兴
代表性企业	福特汽车	戴尔电脑	各企业在快速发育中
市场形态	均质化的统一市场	碎片化的细分市场	"市场即对话"
代表性的商业基础设施	公用电厂和电网、现代交通网络	通信网络和现代物流网络	云计算中心、宽带和无线互联网、智能终端
价值载体与交付方式	企业向消费者交付产品	企业向消费者交付服务或解决方案	以体验为载体，企业与消费者共创价值
消费者角色	孤立、被动、少知，基本上没有参与	部分参与设计或生产	见多识广、互相联系、积极主动、深度参与
产消格局	推动式：企业为千篇一律的大众提供一视同仁的产品	部分地具有拉动式属性，但仍倾向于让消费者适应企业既有的供应链	互动式：消费者需求驱动价值网运作
主流的供应链形态	线性供应链	具有价值网属性的供应链	可实现大规模协作的在线价值网平台
企业协作形态	零和竞争	具有一定的共赢特性	生态化协作、追求共赢
竞争基点	成本与质量	成本、质量、速度的平衡	体验为王
支撑体系	大规模营销、流水线生产、部分物流外包	大规模营销、一定程度的柔性化生产和社会化物流	个性化营销、柔性化生产、社会化物流
经济实质	"小品种、大批量"的规模经济	规模经济基础上的范围经济	"多品种、小批量"的范围经济

资料来源：阿里数据经济研究中心，2015。

在 B2C 范式主导下，在西方发达国家，直至 20 世纪六七十年代，许多行业由卖方市场转向了买方市场之后，才慢慢演变出了"注重售后服务"和"客户满意度"等理念，而这些理念真正深入企业的实际运转，则至今都还没有完成。受限于工业大生产的逻辑，所谓的"消费者就是上帝"这一理念，对大部分工业时代的生产商来说，实际上是一个力所不能及的遥远空想，而不是通过努力就可以实现的现实理想。20 世纪 90 年代的大规模定制，也是在"以消费者为中心"这个方向上的多次努力中的一次。在这个意义上，互联网、云计算、大数据所驱动的 C2B 模式，称得上是一个时代性的巨变。

（四）云端制：DT 时代的组织模式

1911 年，泰勒的《科学管理原理》正式出版，标志着"泰勒制"的逐步成熟，它至今仍是支撑现代社会里组织运作的基本构件，被德鲁克认为是"美国对西方思想做出的最特殊的贡献"之一。1913 年，福特在高地公园工厂创立了全世界第一条汽车流水装配线，标志着"福特制"的成熟。

从 20 世纪初至今，差不多 100 年，倏忽而过，今天全球正在由工业时代加速转入信息时代的第二阶段：DT 时代。此时此刻，组织模式的真命题与大命题是什么？或者，与 C2B 商业模式相适应的组织模式是什么？

"信息时代的组织模式"，这一领域仍是一个不无混沌的、行进中的故事。但近年来，随着 IT 时代向 DT 时代的过渡，那些关于未来组织的共识，以及组织变革的方向感，却已有了很大的进展。我们在此努力去放大那些真正具有未来指向的重要信号，从而为这一领域的演化，寻求更为清晰的梳理和界定。

综合近年来组织变革的各种趋势，我们把"大平台 + 小前端"这一概念，进一步精练为"云端制"的概念。以下即我们的主要观察。

1. 起点：思考维度与核心变量。

在形塑和促动今天组织管理变革的各种因素中，什么是核心变量？应该从哪些维度去观察和思考？

第一，商业模式的转变是直接动因。DT 时代的 C2B 商业模式，必然要求新的组织管理模式与之相应。

第二，信息技术是促动组织变革的根本驱动力。权力的重要来源，是信息的获取、处理、分发。最早的计算模式以大型机和小型机为中心，界面不友好，空闲时会浪费计算资源，无法激发用户的主动性。这些缺点，正适应了工业时代典型的组织管理方式——命令与控制。随后的"客户机 / 服务器"计算模式，一大缺点是难以应对大量用户的并发请求，这其实刚好反映出 80 年代被（PC 机）赋能了的员工与企业集中管理体制之间的矛盾。到了今天，在"云（云计算）+网（互联网）+ 端（智能终端）"的计算模式下，开放性、分布式、对等性等技术特征，必然也会映射到组织管理之中。

第三，互联网的文化基因不容忽视。如果把互联网只视为一种重大技术，或认为它在诞生过程中所内含的那些文化基因无须深究，那么这将是一个极大的疏失。正如卡斯特尔的研究所提及的，互联网的文化基因，与冷战氛围相关，与早期黑客那种合作使用资源的行为准则相关，与 60 年代西方校园文化相关，也与一种学术传统直接相关：追求科学的共同目标，优秀者会赢得声望和荣誉，同行评论必不可少，同时所有研究成果必须公开。有了对互联网文化基因的梳理，我们才能够更好地理解互联网"人人参与"的理念、

"端到端透明"的设计原则等。

第四，组织研究领域自身的小逻辑，也有着一定的影响。与自然科学不同，与诸多社会科学也不同，组织领域的研究实践性很强，本身并不存在一个公认的终极范式。事实上，这一领域的发展节奏，经常会在"时尚的管理概念创新驱动"（其中不乏似是而非的观点与观念）和"现实问题驱动"之间来回转换。现在，是回到"现实问题驱动"的时候了：拒绝对大时代、大变革的无感状态，切实地关切那些来自现实的大命题、大问题。

2. 原则与隐喻：生命化与网络化。

企业组织是什么？

这个问题的答案，很多时候其实是由我们习惯的"隐喻"、想象力和认知范式所决定的。

随着 20 世纪 20 年代前后大规模生产方式日趋成熟，它的核心原则与特性——标准化、流水线、大规模、集中化，开始向着社会经济的各类组织去渗透，如企业、学校、政府等，与之相应的科层制的组织管理体系也得以相伴而行。这些原则如此之强大，以至于在很长时间里，它已经成为几乎所有组织和个人都熟知并自觉遵从的默认常识，统治、统摄了工业时代的生产与消费、工作与生活、苦恼与欢乐。

钟表、流水线、金字塔，这些隐喻都在说明，工业时代无异于一部追求高效率的精准机器。到了今天，这种机械思维和隐喻，开始受到生态、网络和复杂性思维的持续冲击。

首先是生态化、生命化思维的广泛引入。比如凯文·凯利提醒说："我们开始认识到那些一度被比喻为活着的系统确实活着，不过，它们所拥有的是一种范围更大、定义更广的生命。我将之称为'超生命'。……生物学定义的生命不过是超生命中的一个物种罢了。"梅拉妮·米歇尔也提到："如果你问 10 个生物学家什么是生命的 10 个要素，每次得到的答案都会不一样。可能大部分会包括自主、新陈代谢、自我复制、生存本能，还有进化和适应。"10 年前，这些隐喻恐怕很难成为主流的商业话语。但在今天，人们开始关注：互联网上那些看似无序的活动，何以能够实现有序的自组织？

其次是"网络"视角的普遍应用。20 世纪 70 年代之后，把单个组织描述为一种"网络"的视角已出现。到了今天，随着消费者之间、消费者与企业之间、企业之间越来越广泛和深入地联网，这种话语体系已经越来越无所不在了。

最后是复杂系统视角在组织管理领域的逐步兴起。在尤尔亨看来，"管理 1.0 ＝ 层次体系"，也即金字塔。

巨型供应链
（网）
内部协作

· 大企业主导
· 供应链内部一定数量的企业之间协作密切

产业集群
内部协作

· 如温州打火机集群
· 一定数量的小企业之间密集协作

海量小企业

· 离散分布
· 相互分离、协作较少

图 3-5　工业时代商业组织连接的基本图景

资料来源：阿里数据经济研究中心，2015。

IT时代　　　　　　　　　DT时代

| 企业的
内联网
Intranet | 供应链
的内联网
Extranet | 社会化
大联网
Internet |

· 员工间联网
· 部门间联网
· 以C/S架构为主，
　把既有管理体系
　用IT固化
· 内网2.0：SNS化
　的企业内网

· 大企业主导的、
　少数企业间的
　联网协作
· 强连接、刚性
· 实即供应链的
　内网，把链主
　核心地位用IT
　固化下来
· 最高水准即类
　似宝洁、沃尔
　玛之间的协同

· 大规模、社会化
　的协作
· 小企业成为重要
　的联网协作主体
· 组织柔性化、模
　块化
· 数据驱动着业务
　流程跨越组织边
　界

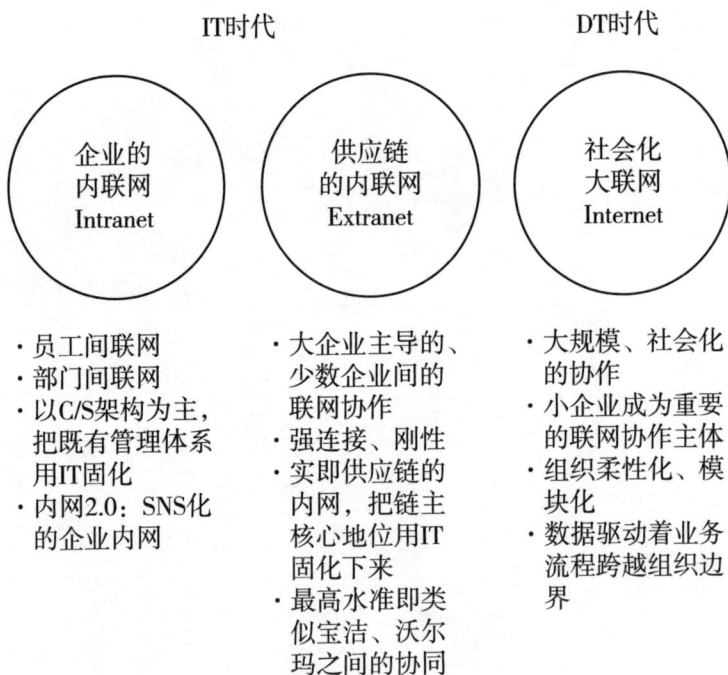

图 3-6　DT 时代商业组织连接的基本图景

资料来源：阿里数据经济研究中心，2015。

"管理2.0＝流行"，如"平衡计分卡、六西格玛"等，"这些东西有时是正确的，有时却是错误的。他们推陈出新的速度比为小孩更换尿布的速度还快"。"管理3.0＝复杂"。BCG通过对100多家欧美上市公司研究发现，过去15年间，这些公司的工作程序、垂直层级、协调机构和决策审批步骤等增加了50%～350%；而过去50年间，复杂性平均每年增加6.7%。

生态、网络、复杂……这些视角都是在底层的观念和隐喻的层面上，对旧有的组织管理范式所展开的撼动。

3.组织结构：云端制下的网状运行。

以网络的视角来看企业，它实际上面对的是三张正在形成的"网"。

- 消费者的个性化需求，正在经由相互连接变为一张动态的需求之网，经由"云计算 + 互联网 + 大数据"，这些需求已经变得可记录、可处理。

- 单个企业组织的内部结构，被倒逼着要从过去那种以（每个部门和岗位）节点职能为核心的、层级制的金字塔结构，转变为一种以（满足消费者个性化需求）流程为核心的、网状的结构。

- 企业之间的协作也走向了协同网的形态。

由此，企业才能够有效地实现自身内部的联网，以及企业与消费者之间的联网，由此也才能真正有效地感知、捕捉、响应和满足消费者的快速多变的个性化需求。

（1）外显结构：云端制（大平台 + 小前端）成为DT 时代组织的"原型"结构。

任何组织都面临着"纵向控制 / 横向协同"，或

"集权控制 / 分权创新"的难题。今天的互联网、云计算和大数据，为解决这一老难题提供的新方法，就是以后端坚实的云平台（服务平台＋业务平台）支持前端的灵活创新，并以"内部多个小前端"实现与"外部多种个性化需求"的有效对接。这种"大平台＋小前端"的结构，已成为很多企业组织变革的"原型"结构。

（2）内在结构：网状化运行。

"大平台＋小前端"是一种外在的、显性的静态结构，隐性的、内在的动态结构则是组织的"动态网状化运行"。为满足互联网时代个性化的需求，海尔把 8 万多名员工，转变为自发的 2000 多个自主经营体；将组织结构从"正三角"颠覆为"倒三角"，形成以进一步扁平为节点闭环的动态网状组织。每个节点，在海尔的变革中，都是一个开放的接口，连接着用户资源与海尔平台上的全球资源。

4. 组织过程：自组织化。

商业组织的组织方式，在过去通常被认为有两种主要形态。"公司"这种组织方式依赖于看得见的科层制，需要付出的是内部管理成本。"市场"这种组织方式依赖于看不见的价格机制，付出的是外部的交易成本。

缓慢却坚定地，"公司化"曾是 19 世纪末 20 世纪初的一场商业运动，公司由此成为社会结构的主要构件。大部分社会成员，不是在这家公司，就是在那家公司，个人大都必须要通过公司，才能更好地参与市场价值的交换。今天，这种"公司"占据主导地位的格局，已开始受到冲击。

这主要是因为，互联网让跨越企业边界的大规模协作成为可能。一方面是公司中很多商业流程漂移出了企业边界之外，用过去的概念来描述，就是外包的普遍化。另一方面则是自发、自主、快速聚散的组

消费者	⇒	"设计师"	⇒	企业内部	⇒	企业之间

消费者	"设计师"	企业内部	企业之间
·分散孤立–相互联系 ·孤陋寡闻–见多识广 ·消极被动–积极主动 ·千篇一律–与众不同	·激发与表达：隐性需求的显性化 ·蜂窝：汇聚与分类	·大平台+小前端（海尔、韩都衣舍） ·单个组织的开放化、社区化，如参与设计	·传统供应链的分解、裂变与重组 ·链–网：社会化大联网、大规模社会化协作 ·柔、弱、微

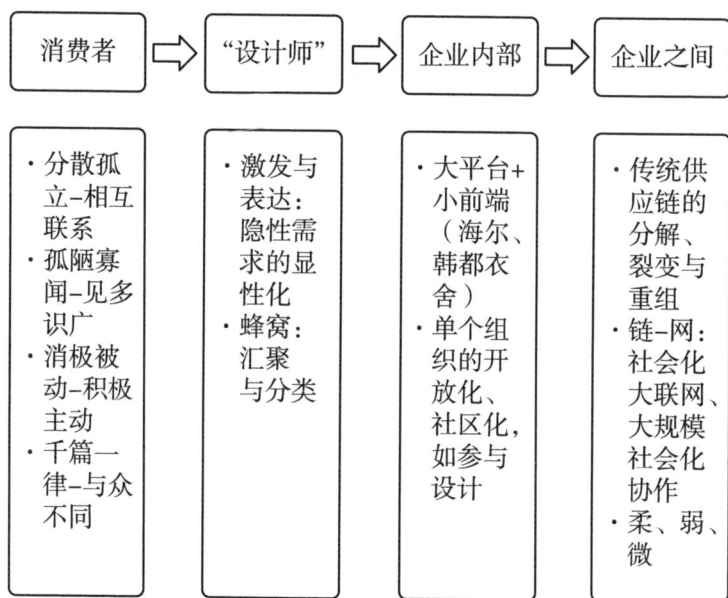

图 3-7　组织变革：如何应对快速多变的个性需求

资料来源：阿里数据经济研究中心，2015。

织共同体大量出现，也即《未来是湿的》一书所称的"无组织的组织力量"：凭爱好、兴趣快速聚散，展开分享、合作乃至集体行动。

"组织"仍将存在，但"公司"可能越来越弱化。"社会性"也仍然是我们的基本属性，但我们发挥自我能力、连接市场、实现自我价值的方式，却与过去大不一样了。

5.组织边界：开放化。

虽然互联网让企业内部的管理成本和外部交易成本都有所下降，但后者的下降速度却远快于前者。这种内外下降速度的不一致，带来一个重要的结果："公司"这种组织方式的效率大打折扣了，"公司"与"市场"之间的那堵"墙"，也因此松动了。

从价值链的视角来看，研发、设计、制造等很多个商业环节，都出现了一种突破企业边界、展开社会化协作的大趋势。宝洁公司注意到，虽然自己拥有8500 名研究员，但公司外部还存在着 150 万个类似的研究人员！为吸引全球的研究人员在业余时间里分享和贡献他们的才智，宝洁把内部员工解决不了的问题放到网上，提出解决方案的研究者将获得报酬。这正是研发环节的开放。

从企业与消费者的关系来看，此前的模式是由企业向消费者单向地交付价值，而在 C2B 模式下，价值将由消费者与企业共同创造，如通过消费者的点评、参与设计、个性化定制等。

从产业组织的角度来看，越来越多的产业，都在走向"云平台 + 小前端"的组织方式。换句话说，在很多产业，众多小型机构事实上已经把自身的很多职能留给了平台生态系统，这直接催化了更多专业的服务商，从而实现了社会化的大分工。在金融业，同样也正在发生这样的产业重构：蚂蚁金服等平台的快速发展即是一例。

6. 组织规模：小微化。

"小微化"的趋势并非始于今日。资料显示，在德国，全部工业企业的平均规模在 1977 年前呈上升趋势，但此后则呈下降趋势。在法国，10 人以上工业企业的平均规模，在 1977 年后出现了下降。英国企业规模的下降从 1968 年开始。日本和美国则是从 1967 年开始企业平均规模就出现下降。

这种企业规模下降的原因，有社会化物流成本的下降、流通业效率的提升、产品模块化程度的提高、政策法规的开放等。到今天，互联网再一次加速了"小微化"的趋势，随着平台技术、商业流程、数据集成度的不断提高，前端企业的"大而全"，已经越来越没有必要了。

这在根本上是因为，在工业时代占据主导地位的是"小品种、大批量"的规模经济，与之相应，组织也在持续走向极大化。1929年，资产达10亿美元以上的美国巨型企业约65家，到1988年这一数字增至466家。再如今天的沃尔玛，它在全球的雇员超过了200多万人！但在信息时代，随着"多品种、小批量"的范围经济正在很多个行业里不断扩展自己的空间，更多组织相应地也在逐步走向小微化了。

新管理思想还在潮涌潮退，新管理理念还在漂移移不定，新管理工具也仍处于大浪淘沙的荡涤之中。关于互联网必将带来组织管理模式变革这一话题，已经被一轮又一轮地讨论了10多年。今天是否已经到了可以进行阶段性总结的时候？

更远一点看，组织模式的变革，不只是商业话题，而是与企业、社会和政府都紧密相关的社会话题，比

"1人企业"的"进一步碎片化"：如演员游走于不同剧组

企业组织裂变为多个小前端，极致地缩减为1人

"企业/市场"边界松动，企业规模将持续缩小

互联网让组织外部协作成本大幅下降

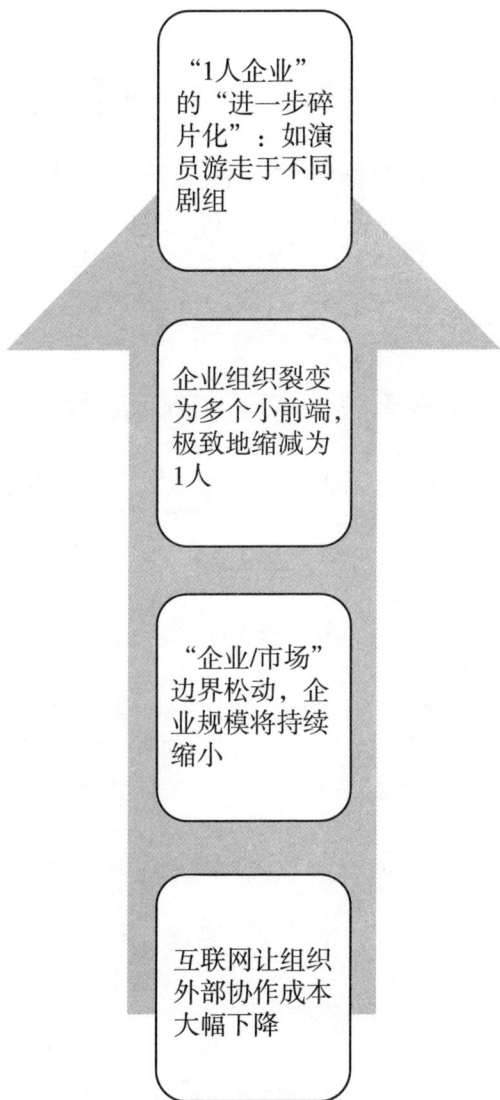

图 3-8　组织规模持续小微化

资料来源：阿里数据经济研究中心，2015。

如，从电子政务到互联网政务、云政务、大数据治理等，再如国际经贸领域对 eWTP 的畅想和推动等。正如加里·哈默所提出的问题："21 世纪的前 20 至 30 年内，能够像 20 世纪早期那样，产生革命性的管理原理吗？"他对此满怀信心："21 世纪商业领袖们所面临的挑战与 100 年前工业先驱们所遇见的一样。我们的确受前人束缚，并醉心于当前的管理。但是人类能够创造出现代的工业组织，也一定能够重新改写它。"

4

文化篇：DT 时代的文化景观

技术创新带来商业变革，商业变革呼唤制度创新，同时也将带来新的生活方式、新的文化惯习。20 世纪 70 年代之后迅速发展的 IT 革命，已经开启了"工业时代 - 信息时代"范式转移的历史进程。这既包括新技术、新产业、新的组织原则的转移，也包括工作、生活、沟通方式、文化惯习的转移。到了今天的 DT 时代，文化的变革进一步加速了。

对于 DT 时代的商业文明、生活方式、文化取向，人们有着各种不同的识见。然而，当越来越多的人逐渐习惯于在互联网上展开他们的生意与生活，逐渐习惯于把全球市场纳入自己惯常的思维框架中时，那些基层的、根本性的社会生活和文化发展，也会经由这样无数个细微的、嘈杂的、不起眼的小事件的累积，悄然发生巨大的转变。就在我们身边，就在今天，一个 DT 时代的新的商业文化景观，已经在这个网络化和全球化的 DT 时代萌芽、生根。它的样貌，也已经一点点显露。

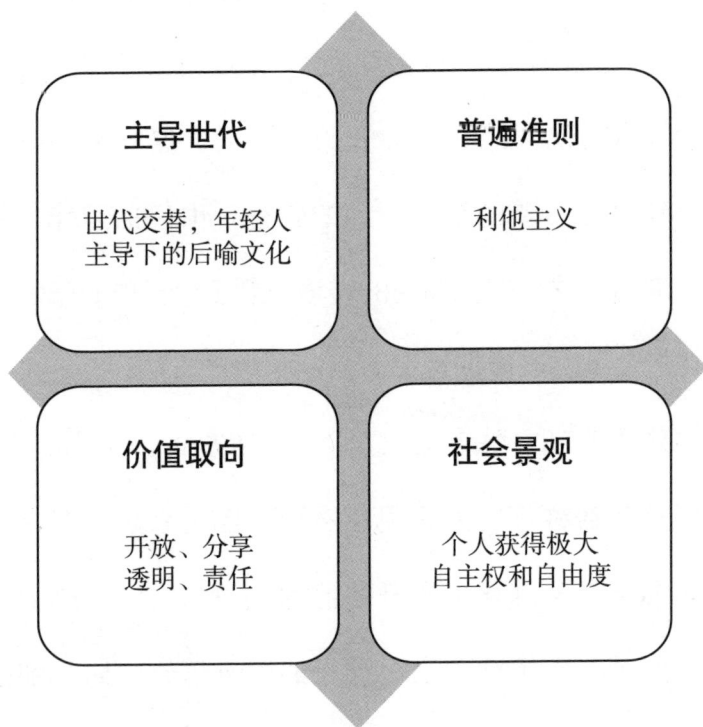

图 4-1　DT 时代的社会文化特性

资料来源：阿里数据经济研究中心，2015。

（一）后喻文化：世代交替、年轻人主导

在《文化与承诺》一书中，美国社会学家玛格丽特·米德提出了"前喻文化时代、并喻文化时代、后喻文化时代"。在后喻文化时代，年轻人由于对新观念、新科技具有更为良好的接受能力，在许多方面都要胜过他们的前辈，年长者反而要向晚辈学习。

以中国网民的年龄分布为例，今天的数字一代，确然正是以年轻人为主导。据 CNNIC 统计，截至2015 年 12 月，中国网民以 10~39 岁年龄段为主要群体，比重达到 78.1%。其中，20~29 岁年龄段网民的比重为 31.5%，在整体网民中的占比最大。与 2014 年相比，20 岁以下网民规模占比增长 0.4 个百分点，互联网继续向低龄群体渗透。

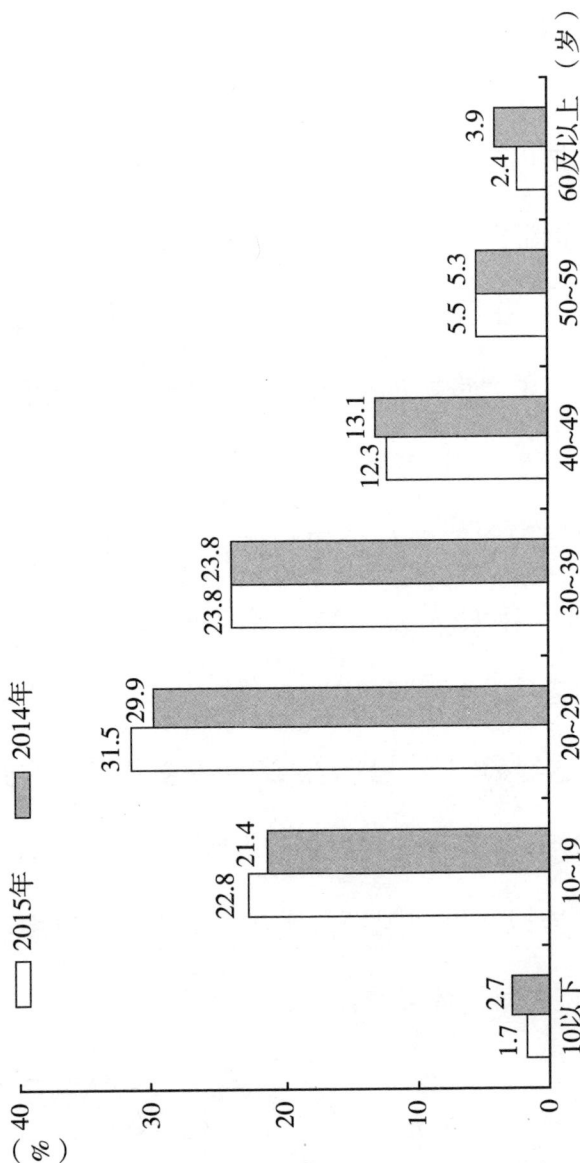

图 4-2 中国网民年龄结构

资料来源：CNNIC，2015 年 12 月。

（二）普遍准则："利他主义"

正如马云所提到的，DT 是互联网世纪最了不起的东西。与 IT 技术相比，DT 时代的核心，在于"利他主义"："相信别人比你重要，相信别人比你聪明，相信别人比你能干，相信只有别人成功，你才能成功。"

马云关于"利他主义"的阐释，可以从数据属性的维度去观察。从数据属性的角度来看，它只有在流动、分享中，才会实现价值的最大化。数据"在流动、分享中实现增值"的这一特性，具有天然的"生产、消费合一"的特点，因此也天然地具备"利他主义"的属性。

如搜索引擎，每个用户提交搜索请求、使用（消费）搜索引擎的服务，同时每一位用户其实也在参与搜索引擎的优化升级（生产）。进一步地，随着 DT 时代数据逐步成为越来越主要的生产要素，数据的生产、流动、分享机制，也将越来越成熟。因此，所谓"DT时代的利他主义"这一描述，也将不再是一个道德意义上的描述，而将成为大规模的社会现实。

对这一问题的描述，换一种表达方式就是：如果说工业时代的"分工 / 协作"是一种基于分工的协作，是分工前提下的协作，那么 DT 时代的"分工 / 协作"则是协作前提下的分工。

（三）价值取向：开放、分享、透明、责任

蚂蚁金服董事长彭蕾女士曾经提到："互联网金融是两种非常不一样特质的事物的混搭。互联网是什么？开放、自由、流动、分享。金融是什么？金融是严谨、专业、风险控制、安全、高度监管。小微金服（蚂蚁金服）要做的是把金融和互联网这样完全不一样的特

质完美地融在一起。这是一种神经分裂的状态，需要思辨的执行力，混搭风的企业文化。"金融领域受到的文化冲击，是互联网给全社会文化带来影响的一个缩影。

在 DT 时代，开放、分享、透明、责任、诚信等，将成为越来越主流的社会文化，成为社会成员、商业主体的自觉实践。这在根本上，是 DT 技术所带来的变化。典型如阿里巴巴所实践的满天星计划。阿里巴巴将与各大厂商共享先进的二维码技术，确保每件商品在生产过程中获得唯一的二维码身份证，消费者只需要通过手机淘宝扫码即可进行商品真伪验证和产地溯源。由于淘宝拥有全球最大的商品库，这一计划的意义对于整个商业都将至为深远。

DT 还将全面提升社会的信任水平，提升普惠服务的范围和水准。特别是，过去缺乏数据积累、难以获得金融支持等服务的小企业和普通个人，在 DT 时代将获得更多更好的普惠服务。如 BCG 研究指出，互联网金融有助于提升小微企业融资覆盖率：从 2013 年的 11% 提升至 2020 年的 30%~40%。

（四）社会景观：个人获得极大自由度和自主权

在一个数据驱动经济和社会的 DT 时代，我们每一位社会成员的工作和生活，将非常类似于德鲁克先生对知识工作者的描述。越来越多的社会成员，其工作领域、工作方式，将与数据、知识密切相关，而商务活动也将更多地体现为一种数据处理和接受数据服务的活动。

此外，随着知识（对数据的理解和使用能力是其中一个方面）相比于资本重要性的上升，DT 时代的个体，也将比工业时代，更容易实现自己的全面发展：

今天的人们，获得了任何一个历史时期的个体都无法获得的资源，也拥有了更大的自主权与自由度，个体的能量也将被更加充分地激发出来。

至于组织与个人的关系，阿里巴巴集团战略官曾鸣先生曾经进行过精彩的分析："虽然未来的组织会演变成什么样，现在还很难看清楚，但未来组织最重要的功能已经越来越清楚，那就是赋能，而不再是管理或激励。以科层制为特征、以管理为核心职能的公司，面临着前所未有的挑战。组织的职能不再是分派任务和监工，而更多的是让员工的专长、兴趣和客户的问题有更好的匹配，这往往要求更多的员工自主性、更高的流动性和更灵活的组织。我们甚至可以说，是员工使用了组织的公共服务，而不是公司雇用了员工。"

概言之，与工业时代以"企业"为基本经济主体的时代不同，DT 时代将是一个以"个人"为基本主体的经济时代。这将成为新时代全新的社会景观。

正如中国社会科学院周子衡先生所做的精彩分析："公司将不再是经济活动的主体，个人将成为经济的主体。公司理性最终要被个人理性所解构与替代。这是近两个世纪以来经济矛盾的根本所在。就是说，经济问题的中心，将不再是所谓的市场与政府的关系掩盖下的企业与政府的关系，而是个人与个人的关系。"

这种情形，也正如弗里德曼先生在《世界是平的》一书中所言：

"如果说全球化 1.0 版本的主要动力是国家，全球化 2.0 的主要动力是公司，那么全球化 3.0 的独特动力就是个人在全球范围内的合作与竞争……全世界的人们马上开始觉醒，意识到他们拥有了前所未有的力量，可以作为一个个人走向全球；他们要与这个地球上其他的个人进行竞争，同时有更多的机会与之进行合作。
结果就是，每个人现在都会问道：'在当今全球竞争机
会中我究竟处在什么位置？我可以如何与他人进行全
球合作？'"

5

展望：DT 开启信息文明的
大历史

如果说"硬件 + 软件"的 IT 时代开启了信息文明的初级阶段，那么以"云计算 + 大数据"为表征的 DT 时代，则意味着信息文明快步走向成熟期。

（一）历史：工业时代的艰难演变

著名演化经济学家 Carlota Perez，曾对工业大生产所带来的商业体系变革，以及社会和政策领域的变革，进行了深入分析。基于她的研究，我们适当延伸并大致梳理如下。工业时代，为容纳大生产范式所具有的巨大能量，为了给生产线上源源不断涌来的产品找到它们的市场和消费者，工业时代的商业体系、政策领域、社会文化领域，都发生了一系列的重大调整。

商业领域的一系列变革，直接支撑、拓宽了大生产的市场：

- 从西尔斯到沃尔玛这样的大流通渠道；

- 由全国性媒体（杂志、报纸、电台、电视台）支撑起来的全国性品牌；

- 从水运到铁路和公路网络；

- 从为大生产融通大资金的大财团，到为普通消费者提供消费信贷的信用卡等。

公共政策也调整了各个社会阶层的消费能力：

- 以福特为工人开出的 5 美元日薪为代表，一系列劳资关系的政策使得普通劳动者具有了一定的消费能力；

- 福利国家的发展让人们敢于消费。

社会文化大力鼓励消费：

- 消费主义的发展：一切为了消费，消费为了一切；

- 广告诱导：超前消费、一次性消费、过度

社会福利：
敢于消费

广告诱导：
过度消费

消费信贷：
提前消费

福特5美元日薪：
扩展消费群体

不间断的
工业大生产

文化鼓励：
消费就是一切

全国性媒体、
铁路等：国内
统一大市场

摩根等大财团，
为大生产融通
大资金

西尔斯、沃尔玛
等大流通

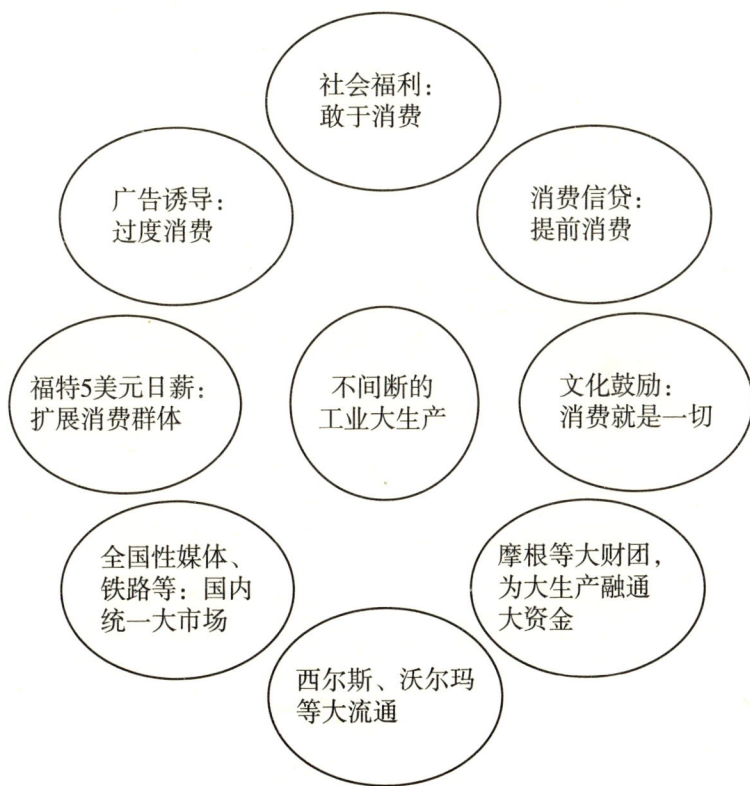

图 5-1　为工业大生产拓展大市场

资料来源：阿里数据经济研究中心，2015。

消费；

- 文化鼓励：将炫耀消费与个人成功紧密关联。

只要我们注意到工业社会曾经发生的这些深刻而剧烈的变化，就会对今天的 DT 时代即将展开的全方位变革感到敬畏。

（二）今天：DT 技术激活生产力

今天我们正在经历的，是"云 + 网 + 端"等信息文明新型基础设施的安装。而且，其进程可能比人们想象的更快。比如，很多企业和政府机构，已经逐渐"拆除"了自己的数据中心，迁移到了云上。在美国，2011 年底已关闭了 195 个传统数据中心，到 2015 年将关闭约 800 个。在中国，阿里云等云服务机构，也正在加速推动中国经济的"云化"。云的扩散，也只是

DT 时代快速展开的一部分。我们还不难发现以下几点。

- 一向被认为是枯燥乏味的数据，其社会文化形象正在变得不再枯燥乏味，而是酷味十足、受人尊重。

- 云计算和大数据所驱动的新商业体系已经开始发育。

- 数据经济的运作逻辑正在被讨论、发现、确认、扩散，少数人的新知，很快就将成为多数人的常识。

- DT 时代里的明星企业与新一代创业者、企业家，正在登上属于他们的历史舞台。

- "新技术 – 新商业 – 新治理 - 新生活"四套系统之间的连接将越来越紧密。

- 更主要的是，越来越多的企业和个人都开始主动学习和接受关于云计算、大数据的新技术、新理念、新知识、新文化，逐渐习惯新语言、新思维。越来越多的机构、越来越多的个人，都开始努力去理解 DT 时代变迁的方向，并在新的商业和生活空间中追逐新的机会。

上述这些细微的变化，背后是 DT 技术对生产力的激活与提升。20 世纪 40 年代中期，计算机问世，自此全世界范围内兴起的第一次信息革命——计算革命，对人类社会产生了深远的影响。信息产业应运而生，人类进入 IT（信息技术）时代。

21 世纪初，云计算和大数据技术引发了第二次信息革命，国际 IT 巨头主导的起源于"工业经济"的"计算机 + 软件"模式向适应"信息经济"特点的"云计算 + 大数据"模式转变，人类开始从以控制为出发点的 IT 时代，走向以激活生产力为目的的 DT（数据技术）时代。

DT 时代与 IT 时代的显著差异集中体现在对生产力的深层次影响上。

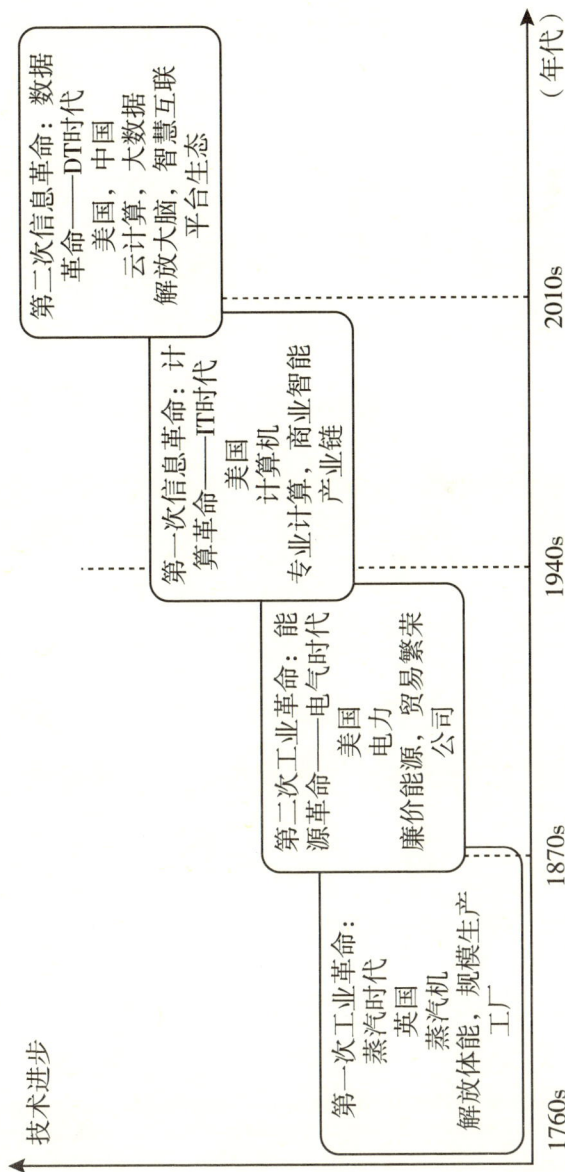

图 5-2 从 IT 到 DT

资料来源：阿里研究院，阿里云研究中心，2015。

生产力是指"人们进行生产活动的能力"。构成生产力的基本要素是"以生产工具为主的劳动资料，引入生产过程的劳动对象，具有一定生产经验与劳动技能的劳动者"，即工具、对象和人。

IT时代的工具集中体现为"软件+硬件"。软件是生产知识的具象化、自动化，一旦被定义，更新的周期较慢；硬件需要自行采购，投入成本大、运行维护难度高。DT时代的工具突出表现为"云计算+大数据"。云计算通过专业化、规模化优势，提供了像水、电一样触手可及的计算能力，使用灵活、升级速度快、使用门槛低；大数据在数量、多样性、生成速度和提供价值上卓尔不凡，电商、游戏、搜索、支付、地图领域的成功者，毫无例外都是凭借对大数据的利用建立了相对优势。新时期，共享性"接入"是核心，开放、分享、互动是原则。

IT 时代是信息经济发展的初期阶段，知识通过软件实现了流程化，封闭分散、结构化、少量的数据得到了利用，这是资本替代劳动力方式的显著进步，然而进步的步伐难以满足人们的渴望。

DT 时代是信息经济发展的升级阶段，引入生产过程的劳动对象集中于数据本身，开放流动、结构多样、海量的数据是应用焦点，从数据驱动交易（电子商务、金融业务等）向数据产品开发（数据创新使用形成新价值，如搜索推荐、智能导航等）进发。

囿于生产工具、劳动对象的限制，IT 时代的人依附于庞大的工业体系和复杂的流程，能力发挥受到束缚，创新潜力未能实现。而 DT 时代，"云＋网＋端"的新信息基础设施向公众开放，通过数据资源这一新生产要素的运用，竞争更公平、智慧更彰显、协同更顺畅、就业更灵活，个人的价值将得到充分体现。

（三）展望：黄金年代即将到来

在十余年的视野尺度下，全球 1/3 的人口和众多企业，已经实现了向互联网的历史性大迁移。在百余年的视野尺度下，我们正处于工业文明向信息文明的快速转换期。全球的个人、家庭、学校、社团、企业、政府，都要快速实现向数字时代的转型，这是这个星球上的人们在今天所面临的大命题，更是每个人、每个组织每天都要认真面对的真问题。一切都必须从这个大历史的角度重新审视，也唯有以这个广阔背景做基础，我们才能把握今天那些细微却是根本性的变化，才能在大的时间尺度上看清当前。

DT 技术所开启的，是属于信息文明的大历史。一轮大的技术革命，第一阶段（20~30 年）往往是新型基础设施的"安装期"，第二阶段（20~30 年）的"发展期"则将迎来一个潜力释放的黄金年代！如果历史的逻辑可以再次上演，那么伴随着"云计算＋大数据"在社会经济各个领域中的普遍"安装"，未来几十年内，我们将迎来一个全球性的黄金年代！最先理解 DT 逻辑的个人、企业、国家，将有望在这一轮机会空间的历史大转换中，获取这一组技术群落所拥有的全部潜力！

未来已来。它只是不均匀地分布于现在。

技术巨浪	安装期	转折点	发展期
	"镀金年代"泡沫	衰退	黄金年代
表1　历史纪录：泡沫、衰退、黄金年代[1]			
1771，产业革命	运河热	1793~1797 年	英国跨越发展
1829，蒸汽机和铁路	铁路热	1848~1850 年	维多利亚繁荣
1875，重工业年代	基础设施建设	1890~1895 年	美国"进步年代"
1908，石油、汽车和大生产年代，美国	汽车、住宅、收音机、电力、飞机	欧洲1929~1933 年美国1929~1943 年	一战后的黄金年代
1971，ICT 革命，美国	.com 和互联网狂热	2007 年 ~ ?	知识社会的黄金年代?

资料来源：改编自 Carlota Perez，The Advance of Technology and Major Bubble Collapses：historical Regularities and Lessons for Today，http：//www.carlotaperez.org/downloads/media/PEREZTechnologyandbubblesforEngelsbergseminar.pdf。

报告作者

宋　斐　阿里研究院副院长。长期研究电子商务、互联网金融等领域，对 C2B 商业模式、云端制组织模式、网商发展等主题，有着系统深入的研究。曾发表《C2B：互联网时代的新商业模式》《云商业的大创想》等成果，参与出版了《网商赢天下》《中国经济向何处去》《互联网＋，从 IT 到 DT》等著作。

潘永花　现任阿里数据经济研究中心秘书长，阿里研究院高级专家，负责大数据和云计算的研究，作为主要作者撰写了《云计算开启信息经济 2.0》《从 IT 到 DT》《大数据与信息社会》等报告，是《互联网＋：从 IT 到 DT》《大数据领导干部读本》《互联网＋：未来空间无限》等书的主要作者之一。曾任 IDC 咨询公司高级研究经理，撰写了中国第一份大数据市场报告；曾任中国计算机世界传媒集团网络世界报社执行社长兼总编，对 ICT 产业以及中国信息化有独到的见解。毕业于北京航空航天大学计算机软件专业，获得硕士学位。

田　丰　阿里云研究中心副主任。专注于云计算、物联网、大数据领域研究。工信部人才交流中心工业和信息化特邀专家，阿里巴巴淘宝大学、京橙讲坛特邀讲师，中国互联网协会核心专家，全球 TOGAF 认证企业架构师，英国 OGC 认证 ITIL Expert，ISO20000/ISO27001 主任审核师，美国 MBA。著作包括《互联网 3.0："云脑"物联网创造 DT 新世界》《互联网＋：从 IT 到 DT》《互联网＋：未来空间无限》《大数据领导干部读本》。

AliResearch

阿里研究院

微信二维码　　　微博二维码

微信账号：阿里研究院
新浪微博：阿里研究院

洞察数据　共创新知

www.aliresearch.com

图书在版编目(CIP)数据

激活生产力：DT经济构筑中国产业新生态 / 宋斐，潘永花，
田丰著. —北京：社会科学文献出版社，2016.4
ISBN 978-7-5097-8995-7

Ⅰ. ①激…　Ⅱ. ①宋…　②潘…　③田…　Ⅲ. ①信息
产业－产业发展－研究－中国　Ⅳ.①F49

中国版本图书馆CIP数据核字（2016）第065777号

激活生产力
　　——DT经济构筑中国产业新生态

著　　者 / 宋　斐　潘永花　田　丰

出 版 人 / 谢寿光
项目统筹 / 恽　薇　王婧怡
责任编辑 / 王婧怡　许秀江　孔庆梅

出　　版 / 社会科学文献出版社·经济与管理出版分社（010）59367226
　　　　　　地址：北京市北三环中路甲29号院华龙大厦　邮编：100029
　　　　　　网址：www.ssap.com.cn
发　　行 / 市场营销中心（010）59367081　59367018
印　　装 / 三河市东方印刷有限公司

规　　格 / 开　本：880mm×1230mm 1/32
　　　　　　印　张：4.875　字　数：59千字
版　　次 / 2016年4月第1版　2016年4月第1次印刷
书　　号 / ISBN 978-7-5097-8995-7
定　　价 / 39.00元